Gewinnen mit Blue Chips

Michael Brückner

Gewinnen mit Blue Chips

Börse auf der sicheren Seite

FALKEN
Taschenbuch

Im FALKEN Verlag sind zahlreiche Titel zum Thema „Aktien“ erschienen.
Sie sind überall erhältlich, wo es Bücher gibt.

Sie finden uns im Internet: **www.falken.de**

Der Text dieses Buches entspricht den Regeln der neuen deutschen Rechtschreibung.

Dieses Buch wurde auf chlorfrei gebleichtem und säurefreiem Papier gedruckt.

ISBN 3 635 60647 2

Umschlaggestaltung: Init GmbH, Bielefeld
Redaktion: Simone Harland, Pegestorf
Koordination: Dr. Werner Brand
Herstellung: Christina Dinkel
Satz: FROMM MediaDesign GmbH, Selters/Ts.
Druck: Freiburger Graphische Betriebe GmbH, Freiburg

817 2635 4453 6271

Inhalt

Substanz für Ihr Depot: Die Blue-Chip-Strategie 7

„Blut Chips“ oder Blue Chips? 9
Wenn Blue Chips zu „Sorgenkindern“ werden 11

Woran Sie Blue Chips erkennen 16
1. Kriterium: Blue Chips profitieren von ihrem guten Namen 16
2. Kriterium: Die solide Unternehmensstory 19
3. Kriterium: Die internationale Strategie 22
4. Kriterium: Eingeführte Marken oder Dienstleistungen 24
5. Kriterium: Hohe Börsenkapitalisierung 26
6. Kriterium: Aufnahme in einen Blue-Chip-Index 28
Checkliste: So erkennen Sie Blue Chips 30

Die Stärken von Blue Chips 31
Totalverlust ausgeschlossen: „Too big to fail“ 31
Weniger Stress dank geringerer Volatilität 33
Gute Dividenden als „Sahnehäubchen“ 37
Blue Chips für die Altersvorsorge 41

Blue-Chip-Indizes unter der Lupe 45
Die wichtigsten Börsenindizes in Kurzporträts 46
Andere wichtige deutsche Aktienindizes 49
Euro Stoxx: Die europäische Perspektive 49
Die amerikanischen Indizes 52
Die Indizes der Wachstumsmärkte 56
Die wichtigsten asiatischen Indizes 60

Alternativen zur Direktinvestition in Blue Chips 63
Gestreutes Risiko durch Investmentfonds 64
Indexzertifikate: Alles auf eine Karte 69
Optionen auf Blue Chips 74

Strategisch günstig einsteigen 79
Von Trendfollowern und Antizyklikern 80
Schnäppchen oder Ladenhüter? 85
Aktien-Kurzanalyse in zwei Schritten 87
Das KGV – Kennziffer von beschränktem Wert 88
Das Kurs-Cashflow-Verhältnis 91
Was Kurven wirklich sagen 92
Noch ein kleiner Trost 100

Wie Profis investieren 101
Warren Buffett: Das „Business-Perspective-Investing-Prinzip“ 102
Shelby Davis – der „Value-Investor“ 106

Neuemissionen – worauf es ankommt 111
Im Angebot: Ehemalige Staatsbetriebe und Spin-offs 112
IPOs: Darauf sollten Sie achten 113

Watchlist zum Kauf von Blue Chips 118

Register 120

Substanz für Ihr Depot: Die Blue-Chip-Strategie

Lange Zeit schien es, als hätten die Blue Chips ihren Charme verloren. Die Aktien der größten Unternehmen der Welt galten als langweilig, renditeschwach und leicht spießig. Geeignet allenfalls für konservative Anleger fortgeschrittenen Alters ohne Internet-Fantasie und Blick für die Mega-Trends des 21. Jahrhunderts. Zehn oder zwanzig Prozent Rendite im Jahr – darüber konnten die erfolgsverwöhnten Anleger am Neuen Markt nur gequält lächeln. Sie setzten lieber auf Start-ups und Dot.coms, investierten in junge Internet-Unternehmen, die zwar größtenteils noch rote Zahlen schrieben, aber die Fantasie der ebenfalls jungen Anleger zu wecken verstanden. Auch die heißen Aktien kleinerer Biotech-Unternehmen versprachen Kursexplosionen um mehrere hundert Prozent. Da konnten Blue Chips, wie sie etwa im DAX oder im Dow-Jones-Index zu finden sind, nicht mithalten. Es sei denn, sie kamen ebenfalls aus einer der gefeierten Zukunftsbranchen.

Doch dann platzte die Blase. Und zurück blieben gescheiterte Unternehmen und kräftige Verluste in den Depots der Anleger. Unversehens wurde vielen Investoren klar, dass ein Engagement am Neuen Markt in den meisten Fällen nichts anderes ist als eine Wagnis-Finanzierung. Geht die Rechnung auf, darf sich der Anleger auf satte Gewinne freuen. Gerät das Unternehmen, dessen Aktien der Investor in seinem Depot hat, in eine Schieflage, drohen schmerzliche Verluste. Lösch, Refugium, TelDaFax, Gigabell, Infomatec und Metabox – diese Namen stehen nur beispielhaft für eine ganze Reihe von „Kapitalverbrennern" am Neuen Markt, die ihren Anlegern empfindliche Einbußen bescherten.

Nicht erst seit in regelmäßigen Abständen so genannte „Todeslisten" mit potenziellen Pleitekandidaten kursieren, achten viele Anleger verstärkt auf Substanz. Plötzlich sind sie wieder gefragt – die Aktien der alten „Tanker“, die im Wettbewerb mit den vermeintlichen „Schnellbooten“ am Neuen Markt zeitweise ins Hintertreffen geraten waren.

Unternehmen mit eingeführten Marken, globaler Präsenz, dynamischer Gewinnentwicklung und hoher Börsenkapitalisierung bereiten einem Anleger zwar auch nicht immer Freude, doch gerade für den langfristigen Vermögensaufbau und die private Vorsorge fürs Alter sind Blue Chips in besonderer Weise geeignet.

Vorausgesetzt freilich, Sie als Anleger kaufen diese Aktien zu einem fairen Kurs ein. Hierzu bieten sich in Zeiten einer allgemeinen Abkühlung an den Börsen oder nach einer Korrektur meist hervorragende Gelegenheiten – sicher nicht für den hektischen Daytrader, wohl aber für den längerfristig disponierenden Vermögensstrategen.

Auf den nachfolgenden Seiten erfahren Sie, welche Vorteile ein Blue-Chip-Investment aufweist, woran Sie diese Aktien erkennen, wann Sie einsteigen sollten und welche Alternativen Blue-Chip-Fonds und -Zertifikate bieten. Schließlich stellen wir Ihnen zwei der erfolgreichsten Blue-Chip-Investoren der Gegenwart vor und versuchen, deren Erfolgsstrategien zu analysieren.

Vieles spricht dafür, dass in den nächsten Jahren vor allem die Aktien von Großunternehmen profitieren werden. Denn sie sind die Gewinner der Globalisierung und der atemberaubenden Fortschritte in der Informationstechnologie. Viele der so verheißungsvollen Dot.coms hingegen sind in erster Linie „Minenhunde“ auf einem Terrain, bei dem die so genannte Old Economy gern anderen den Vortritt lässt.

Gewinnen Sie mit Weltmarktführern. Profitieren Sie von der Globalisierung, seien Sie dabei, wenn die Welt zum Marktplatz wird.

Michael Brückner

„Blut Chips" oder Blue Chips?

Wenn die Aktienkurse kollabieren und die Nerven der Anleger blank liegen, wenn an den internationalen Börsen die Bären die Richtung vorgeben und der Blick ins Depot sensiblen Zeitgenossen den ganzen Tag verderben kann, dann schlägt in schöner Regelmäßigkeit die Stunde der Crash-Gurus. Sie hätten ja schon immer vor „spekulativen Blasen" gewarnt und auf den kommenden Kurssturz hingewiesen, heißt es dann bei den „Berufspessimisten". Und im Übrigen sei das Schlimmste noch lange nicht ausgestanden. Um den Kleinanlegern nachhaltig Angst und Schrecken einzujagen, gibts zum Schluss noch eine Horror-Prognose: Mindestens halbieren würden sich die wichtigsten Börsen-Indizes wie DAX, Dow Jones & Co. Derlei Voraussagen bergen für die Crash-Propheten keinerlei Gefahren. Kommt es am Ende doch nicht zum „worst case", dem schlimmsten Fall, atmen die Börsianer beruhigt auf und sehen über die Fehlprognose großzügig hinweg. Tritt das Vorhergesagte jedoch ein, kann sich der Crash-Guru auf die Schultern klopfen: Er hat es eben schon immer gewusst, nur die gierigen Anleger wollten ihm partout nicht glauben.

Zu den bekanntesten Crash-Propheten gehört Roland Leuschel. Von ihm stammt die Feststellung, Blue Chips seien „Blut Chips". Im Klartext: Anleger sollten nicht auf die vermeintliche Sicherheit großer Standardwerte vertrauen, weil auch diese Aktien sich einer allgemeinen Korrektur nicht widersetzen könnten.

Im Grunde hat Leuschel sogar Recht. Ja, Sie können mit Blue Chips viel Geld verlieren. Wer zum Beispiel im Frühjahr 2000 Aktien der Deutschen Telekom gekauft hatte, machte bis zum Spätsommer rund 55 Prozent Verlust. Bei einem Investment von 10 000 Euro blieben mithin gerade noch 4500 Euro übrig. Auch Aktionäre der viel gepriesenen Softwareschmiede SAP mussten in den ersten Monaten des neuen Jahrtausends sehr tapfer sein. Gegenüber den Höchstkursen ging die Aktie des Deutschen Vorzeigeunternehmens um fast 50 Prozent in die Knie. Auch viele Standardwerte der Old Economy verzeichneten in jüngster Vergangenheit kräftige Einbußen – darunter deutsche „Klassiker“ wie DaimlerChrysler oder ThyssenKrupp.

Trotz dieser nicht sehr motivierenden Erfahrung empfehlen wir Ihnen in diesem Buch den Kauf von Blue Chips als eine stressärmere Börsenstrategie? Wie passt das zusammen?

Zunächst: Aktien mit einer integrierten Vollkasko-Versicherung gibt es nicht. Sie sind und bleiben Risikopapiere. Wer sie kauft, muss mit der Gefahr von Kursschwankungen und kräftigen Verlusten leben, auch wenn die zunächst nur auf dem Papier entstehen. Mittel- bis langfristig darf der Anleger indessen wieder auf steigende Kurse hoffen, denn die Aktien von global tätigen Marktführern werden sich wieder erholen und früher oder später sogar die alten Höchststände erreichen. Ob junge Start-up-Unternehmen, die sich am Markt noch nicht etabliert haben, über eine ähnliche Widerstandsfähigkeit verfügen, darf bezweifelt werden. Mit anderen Worten: DaimlerChrysler wird letztlich jede Krise überstehen, die rote Zahlen schreibende Internet-AG hingegen, die weitgehend von den ambitionierten Zielen ihrer Gründer und von der Fantasie der Anleger lebt, kann schon bei leichtem Gegenwind ins Straucheln geraten und den zuvor so optimistischen Aktionären am Ende einen Totalverlust bescheren.

Kurseinbrüche bei Standardwerten erweisen sich daher in der Regel als günstige Kaufgelegenheiten. Vorausgesetzt, die dahinter stehenden Unternehmen behaupten ihre starke Marktstellung. Allerdings: In manchen Fällen braucht der Anleger einen langen Atem, bis die betreffenden Aktien wieder die alten Höchstkurse erreichen. Das kann Monate, unter ungünstigen Voraussetzungen sogar Jahre dauern.

UNSER PRAXISTIPP

Blue Chips verringern das Risiko einer Aktienanlage nur dann, wenn Sie als Anleger langfristig disponieren. Daher sind zum Beispiel Blue-Chip-Fonds nicht zuletzt für die Altersvorsorge geeig-

net. Die schnelle Mark freilich lässt sich mit Standardwerten nicht verdienen, da die Volatilität – also die Schwankungsintensität – dieser Aktien begrenzt ist. Starke Kursausschläge nach oben oder unten bleiben die Ausnahme. Das verringert einerseits Ihr Risiko, andererseits minimiert es natürlich auch Ihre Chance, kurzfristig ansehnliche Kursgewinne zu realisieren.

Wenn Blue Chips zu „Sorgenkindern“ werden

Nehmen wir exemplarisch zwei der angesehensten Blue Chips unter die Lupe, die im Jahr 2000 den Anlegern zunächst wenig Freude bereiteten. In beiden Fällen wurde die Kursentwicklung von negativen Sonderfaktoren beeinflusst, die kaum absehbar waren. Diese Hiobsbotschaften drückten die Aktienkurse der betreffenden Unternehmen kräftig nach unten. Freilich war abzusehen, dass die Finanzmärkte einmal mehr arg übertrieben. Denn dass beide Konzerne auch künftig eine dominierende Rolle in ihrer jeweiligen Branche spielen würden, war abzusehen.

Das Beispiel Coca-Cola

Schauen wir uns zunächst die Aktie von Coca-Cola an. Die koffeinhaltige Limonade ist in aller Welt zu Hause und symbolisiert den „American Way of Life“. Coca-Cola steht damit für einen nachhaltigen internationalen unternehmerischen Erfolg. Der Milliardär und Investment-Guru Warren Buffett, auf den wir am Ende des Buches noch ausführlicher eingehen werden, zählt die Coca-Cola-Aktie zu seinen Favoriten, was dem von ihm verwalteten Berkshire-Hathaway-Fonds zeitweise nicht sonderlich gut bekam.

Zwei Jahre vor dem plötzlichen Absturz war die Welt für die Coca-Cola-Aktionäre noch in Ordnung. Das Papier notierte bei 89 US-Dollar und das Kurs-Gewinn-Verhältnis (Aktien-Kurs dividiert durch den Gewinn pro Aktie) lag über 60. Das Jahr 1999 geriet für den Softdrink-Konzern dann zu einem wahren Desaster. Vielleicht erinnern Sie sich:

Coca-Cola musste damals in Belgien und Frankreich einen Teil seiner Produkte wieder aus dem Handel nehmen, weil Konsumenten nach dem Genuss des Getränks über Übelkeit klagten. Solche Nachrichten wirken in Europa, wo die Verbraucher anerkanntermaßen besonders kritisch sind, geradezu verheerend. Der Vorgang blieb nicht ohne Folgen: Coca-Cola schloss das vierte Quartal mit einem Verlust ab, was die Börsianer prompt mit einem kräftigen Kursabschlag auf die Aktie des Getränkeherstellers abstraften. „Der frühere Börsenliebling gerät ins Straucheln“, warnte ein Analyst die Anleger. Wie auf dem Chart zu erkennen ist, stürzte der Kurs der Coca-Cola-Aktie von über 65 Dollar zur Jahreswende 1999/2000 auf unter 45 Dollar im Frühjahr 2000.

Volatil: Die Aktie von Coca-Cola berauschte nicht immer *Quelle: comdirect*

Grund zur Panik bestand dennoch nicht. Denn Coca-Cola ist eine Premium-Marke. Sie ist weltbekannt und wird allenthalben geschätzt. Auch wenn der Erzrivale Pepsi seinem Konkurrenten in den vergangenen Jahren immer stärker zusetzen konnte, bleibt doch Coca-Cola das Kult-Getränk schlechthin. Es war somit nur eine Frage der Zeit, bis sich der Kurs der Aktie wieder erholen würde. Die Trendwende kam schneller, als manche erwartet haben, was ein nochmaliger Blick auf den Chart beweist. Bereits im Sommer 2000 hatte sich der Kurs schon deutlich von seinem Tief im Frühjahr entfernt und bewegte sich um die 60-Dollar-Marke.

Das Beispiel Microsoft

Im Mittelpunkt unseres zweiten Beispiels steht einer der prominentesten Vertreter der so genannten New Economy: Microsoft sowie sein Gründer und langjähriger Chairman Bill Gates symbolisieren eine spektakuläre unternehmerische Erfolgsgeschichte, die ihresgleichen sucht. Microsoft – das ist nicht nur ein internationaler Software-Gigant, sondern ein faszinierendes Phänomen. Entsprechend groß war das Anlegerinteresse, dessen sich die Microsoft-Aktie erfreute. Das änderte sich schlagartig, als der Kartellstreit zwischen dem Softwarekonzern und der Regierung in Washington ausbrach, der in dem Richterspruch gipfelte, das Unternehmen aufzuteilen, um künftigem Monopolmissbrauch vorzubeugen. Die Aktie reagierte auf dieses monatelange Hin und Her ausgesprochen allergisch. Zwischen Januar und Juni 2000 verlor das Papier sage und schreibe 48 Prozent seines Wertes, was deutlich zu erkennen ist, wenn man sich die Charts dieser Zeitspanne betrachtet.

Dann plötzlich schnellte der Kurs der Aktie an einem Tag um rund neun Prozent in die Höhe. Dies markierte den Anfang einer deutlichen Kurserholung. Was war geschehen? Die Antwort ist einfach: Die Anleger starrten nicht mehr auf den Kartellstreit wie die Kaninchen auf die Schlange, sondern wandten sich den neuen Microsoft-Produkten und Internet-Strategien des Unternehmens zu. Interessante Fakten, die lange Zeit nicht zur Kenntnis genommen worden waren. Im Klartext: Unversehens rückte wieder die Tatsache ins Blickfeld von Analysten und Anlegern, dass es sich bei Microsoft um ein hochinnovatives Unternehmen handelt, das den Markt auch dann noch beherrschen dürfte, wenn es tatsächlich aufgeteilt würde.

Diese beiden Beispiele machen deutlich: Auch Blue-Chip-Aktien können durch aktuelle, nicht vorhersehbare Ereignisse stark unter Druck geraten und dem Anleger empfindliche Verluste einbringen. Doch die starke Stellung der Unternehmen am Markt, ihr Know-how und ihre globale Präsenz machen eine baldige Kurserholung sehr wahrscheinlich (obwohl es natürlich auch Ausnahmen gibt). Für kleinere Aktiengesellschaften, wie sie zum Beispiel am Neuen Markt oder an den anderen Wachstumsmärkten der europäischen Börsen zu finden sind, würden solche existenziellen Krisen höchstwahrscheinlich das Aus und für den Anleger im schlimmsten Fall den Totalverlust bedeuten.

Dass plötzlich auftretende Krisen oder eine Verschlechterung der konjunkturellen Rahmenbedingungen in der Regel nur vorübergehend auf den Kursen von Blue-Chip-Aktien lasten, hat einen nachvollziehbaren Grund: Die hinter den Aktien stehenden Unternehmen haben sich über Jahre, vielfach über Jahrzehnte bereits am Markt bewährt und manchen Stürmen widerstanden. Sie konnten sich im Wettbewerb behaupten und haben ihre Leistungsfähigkeit unter Beweis gestellt. Bei den Blue Chips hat sich längst die Spreu vom Weizen getrennt.

Bei den jungen Wachstumsaktien, wie sie an den neuen Märkten notiert werden, steht dieser Ausleseprozess vielfach noch bevor. Auch dort haben sich natürlich mittlerweile angesehene Blue Chips etabliert (Microsoft ist bekanntlich an der amerikanischen Wachstumsbörse Nasdaq gelistet), dennoch gilt nach wie vor, was der Chef eines großen deutschen Unternehmens für Beteiligungskapital einmal über den Neuen Markt sagte: „Dort gibt es ein paar Stars, eine Menge Firmen, die nichts taugen, und ein Mittelfeld, das ums Überleben kämpft.“

Shelby Davis, Gründer und Chief Investment Officer der amerikanischen Fondsgesellschaft Davis Selected Advisers – ein Mann, der es mit Blue Chips zu ansehnlichem Reichtum gebracht hat – sieht dies ähnlich: „Es ist unmöglich vorher zu sagen, welche der neuen „dot.com“-Unternehmen gedeihen oder zumindest überleben werden. Wenn Sie sich andere Industriezweige anschauen, die das Land verändert haben – zum Beispiel die Auto- oder die Flugzeugindustrie –, dann stellen Sie fest, dass die meisten der Unternehmen, die in diesen Zweigen einst die Pioniere waren, heute nicht mehr existieren.“

Blue-Chip-Unternehmen haben überlebt – und sie werden überleben. Entweder allein oder fusioniert mit anderen Unternehmen. Sie haben die Selektion des Marktes längst hinter sich – ihre Position ist gefestigt. Zwar sind auch ihre Aktionäre gegen Rückschläge nicht gefeit, doch dies sind meist eher günstige Phasen zum Einstieg als Signale zum Ausstieg. Oder – um das Bild von Roland Leuschel aufzugreifen: Eine blutige Nase kann man sich mit Blue Chips durchaus holen. Finanzielles Ausbluten indessen ist nicht zu befürchten.

Woran Sie Blue Chips erkennen

1. Kriterium: Blue Chips profitieren von ihrem guten Namen

Haben Sie schon mal etwas von Alphaform, BOV, Ision, Kontron oder USU gehört? Kaum wahrscheinlich, es sei denn, Sie beschäftigen sich intensiv mit dem Geschehen am Neuen Markt, denn alle genannten Titel sind an diesem Börsensegment notiert. Aber auch bekanntere Unternehmen der deutschen Wachstumsbörse, wie etwa Gauss Interprise oder Trintech, geben vielen Anlegern Rätsel auf: Wissen Sie wirklich, womit diese Aktiengesellschaften ihr Geld verdienen? Trauen Sie sich zu, die Zukunftsaussichten der betreffenden Branchen halbwegs verlässlich beurteilen zu können? Seien wir ehrlich, die meisten Anleger sind damit überfordert, da sie allein schon aus Zeitgründen nicht in der Lage sind, einschlägige Recherchen anzustellen.

Die meisten Blue Chips hingegen machen einem das Leben leichter. Wer sich für eine BMW- oder BASF-Aktie entscheidet, weiß genau, was er einkauft. Manche Standardwerte stehen sogar mit ihrem Namen für ganze Sparten. Welches Unternehmen fällt Ihnen zum Beispiel ein, wenn Sie an Hamburger und Fast Food denken? Natürlich McDonald's. Betriebssysteme für PCs bringen Sie mit großer Wahrscheinlichkeit mit Microsoft in Verbindung, mit betrieblicher Software verknüpft sich der Name SAP. Und Männer, die an die tägliche Rasur denken, assoziieren damit vermutlich Gillette.

Es sei nicht verschwiegen: Mitunter kann diese Identifikation eines Unternehmens mit einer bestimmten Branche auch nachteilig wirken. Nehmen wir das Beispiel Philip Morris. Jeder denkt da an Zigaretten und den Marlboro-Mann. Das wiederum lässt die meisten Anleger – ganz gleich, ob Raucher oder Nichtraucher – zunächst einmal zurückschrecken. Kann ein solches Unternehmen angesichts der massiven staatlichen Anti-Tabak-Aktionen eigentlich noch ordentlich verdienen? Und was ist mit den milliardenschweren Schadenersatzklagen, mit denen Philip Morris in den USA überzogen wurde? Dass sich das Unternehmen längst nicht mehr allein auf Tabakprodukte verlässt, sondern verstärkt Aktivitäten im Nahrungsmittelgeschäft entwickelt hat, ist im Bewusstsein der meisten Anleger noch nicht so recht angekommen. Das zeigt: Ein Name kann auch negative Assoziationen auslösen.

Philip Morris jedoch ist eher als Ausnahme zu sehen. Normalerweise sind bekannte Namen, die repräsentativ für eine Branche stehen, ein wichtiges Kapital für die betreffenden Unternehmen. Und sie sind ein wichtiges Merkmal für Blue Chips. Anders ausgedrückt: Die Attraktivität von Blue Chips beruht nicht zuletzt auf ihrem guten Namen.

Es kommt nicht von ungefähr, dass Unternehmen in den Bekanntheitsgrad ihres Namens hohe Summen investieren. Im Idealfall verbindet sich mit dem Namen ein prestigeträchtiges Image. Der finnische Nokia-Konzern zum Beispiel, in der Bundesrepublik noch vor 15 Jahren kaum bekannt, steht heute für qualitativ hochwertige Handys mit individuellem Design. Auch Siemens bringt Handys auf den Markt, doch diese Marke verbindet sich eher mit Haushaltsgeräten, medizinischem Hightech und Verkehrssystemen. Manche Unternehmen setzen das gute Image ihres Namens gezielt in ihrer Werbung ein. „It's a Sony" – wer hätte diesen Slogan noch nicht gehört? In der Aspirin-Werbung wiederum darf der Name des Herstellers Bayer nicht fehlen („Aspirin ... ist von Bayer"). Der Name des Chemie-Riesen steht für Kompetenz und Erfahrung auch im Pharma-Bereich. BMW schließlich hat nach Ansicht von Experten weltweit einen der besten Namen im Automobilgeschäft – noch vor DaimlerChrysler. Nur gelang es leider nicht, dieses Markenimage auf die ehemalige Tochter Rover zu übertragen. Obwohl dieses für BMW desaströse Engagement in Großbritannien den Münchnern Milliardenverluste einbrachte, stieg die Aktie nach der Trennung von Rover deutlich an. Grund: Vom Ballast Rover befreit, kann BMW in den nächsten Jahren wieder mit seinen Pfunden wuchern. Darunter eines der wichtigsten: die imageträchtige Marke des bayerischen Automobilbauers.

Wie kann aber nun der Anleger vom guten Namen eines Unternehmens profitieren? Gleich drei Aspekte wirken sich potenziell kurssteigernd aus. Steht der Name des Unternehmens für eine bestimmte Branche, so ist die Gesellschaft sozusagen ein Trend-Profiteur. Kommen Analysten oder Finanzjournalisten zum Beispiel zu der Überzeugung, es sei an der Zeit, in deutsche Chemieaktien zu investieren, dann hat dies vor allem kursbeflügelnde Konsequenzen für die großen DAX-Titel BASF und Bayer. Stehen hingegen Finanztitel auf der Kaufliste, verteuern sich etwa die Papiere der Allianz oder der Deutschen Bank. Dreht sich schließlich wieder einmal das Fusionskarussell in der europäischen Telekommunikations-Branche, steigen zum Beispiel die Kurse der Deutschen Telekom, der France Telekom oder der spanischen Telefonica.

Darüber hinaus sind Branchenführer mit bekannten Namen häufiger in der Öffentlichkeit präsent. Sie werden in den Medien stärker beachtet als weniger bekannte Unternehmen. Viele Mittelständler empfinden ihre schwache Medienpräsenz denn auch als Benachteiligung. Doch ändert dies nichts an der Tatsache: Bekannte Namen erfreuen sich in der Presse und in den elektronischen Medien einer höheren Aufmerksamkeit als weniger bekannte Marken.

Noch entscheidender aber ist der dritte Aspekt: Angenommen, Sie möchten die Aktie eines großen US-amerikanischen Handelskonzerns kaufen. Für wen würden Sie sich entscheiden ...? Wir sind fast sicher: Ihre Wahl dürfte auf Wal-Mart fallen, über dessen weltweite Markterfolge in den Medien breit berichtet wurde. Und wer sein Geld in eine amerikanische Softwareschmiede investieren möchte, landet in den meisten Fällen eben doch bei Microsoft.

Nicht anders ergeht es amerikanischen Investoren, die in Europa oder in Deutschland Aktien kaufen möchten. Wer sich die Papiere eines großen deutschen Finanzdienstleisters ins Depot holen möchte, entscheidet sich in der Regel entweder für die Deutsche Bank oder die Allianz. Wer auf den deutschen Telekommunikationsmarkt setzt, kommt an der Deutschen Telekom nicht vorbei.

Auch professionelle Anleger entscheiden kaum anders. Wenn ein amerikanischer Fondsmanager europäische Aktien will, kaufe er die großen Namen, meinte kürzlich der Anlageexperte einer deutschen Privatbank.

Kleinere Unternehmen würden oft übersehen, selbst wenn sie innovativer seien als die Großkonzerne.

Halten wir also fest: Namen machen nicht nur Nachrichten, sondern auch Kurse. Manches Depot liest sich denn auch wie ein „Who ist who" der weltweiten Top-Marken.

2. Kriterium: Die solide Unternehmensstory

Eine überzeugende Unternehmensstory setzt keineswegs voraus, dass die Aktiengesellschaft bereits ihr 50. oder gar 100. Firmenjubiläum feiern konnte. Schließlich wird der Lebenslauf eines Menschen auch nicht erst jenseits des 70. Lebensjahres interessant. Natürlich weisen viele Blue Chips eine spannende Historie auf – und in vielen Fällen wird diese bewusst verbreitet. Denn die Botschaft ist klar: Wer so lange erfolgreich am Markt ist, hat Know-how und versteht sein Geschäft. Dass dieser Schluss nicht immer stimmen muss, bewies in jüngster Vergangenheit die spektakuläre Beinahe-Pleite des 150 Jahre alten Bauunternehmens Philipp Holzmann.

Viel wichtiger als das Alter erscheint die Frage, wie sich das Unternehmen am Markt positioniert hat. Ist es gelungen, einen großen, möglichst internationalen Kundenstamm aufzubauen? Werden diese Kundenbeziehungen langfristig gepflegt oder besteht eine hohe Fluktuation? Wie reagierte das Unternehmen in der Vergangenheit auf Marktveränderungen? Wurden aktuelle Trends verschlafen? Der Kurs der SAP-Aktie litt lange Zeit darunter, dass unter Analysten, Journalisten und Anlegern der Eindruck entstand, nach dem glänzenden Geschäft mit der betrieblichen Standard-Software habe das deutsche Vorzeige-Unternehmen das Internet-Zeitalter verschlafen. Als der Konzern dann mit der Internetplattform MySAP.com aufwartete, blieben die Marktteilnehmer zunächst skeptisch. Denn wer zu spät kommt, den bestrafen die Anleger. Erst als sich eine steigende Nachfrage nach dem neuen SAP-Produkt abzeichnete, stiegen auch die Börsenkurse wieder.

Zu einer soliden Unternehmensstory gehört ferner, dass es dem Unternehmen gelingt, qualifiziertes Personal anzuwerben – und vor allem zu behalten. Das aber wird nur gelingen, wenn die betreffende Aktiengesellschaft für Fachkräfte attraktiv erscheint und ein gutes Image in der Öffentlichkeit genießt.

Den spannendsten Teil der Unternehmensstory stellt natürlich die Geschäftsentwicklung dar. Hierbei ist die Frage wichtig, ob das Unternehmen nachhaltig gute Gewinne erwirtschaftet und diese steigert. Exzellente Blue Chips zeichnen sich zum Beispiel dadurch aus, dass sie selbst in konjunkturell schlechteren Zeiten immer noch ein besseres Ergebnis erwirtschaften als die anderen Mitbewerber in der Branche.

Eine nachhaltige Gewinnentwicklung muss nicht bedeuten, dass die Gesellschaft über eine längere Betrachtungsperiode stetig Zuwächse erzielt, sprich: Jahr für Jahr einen höheren Gewinn je Aktie erwirtschaftet. Vorübergehende Rückgänge, die sich durch besondere Belastungen – wie die Übernahme eines Unternehmens – nachvollziehbar begründen lassen, schmälern nicht die Qualität eines ansonsten erfolgreichen Blue-Chip-Unternehmens. Genau hinsehen sollte der Anleger jedoch, wenn der Gewinn pro Aktie starken Schwankungen unterliegt. Die sprunghafte Entwicklung von Unternehmenserträgen, warnt schon Altmeister Warren Buffett, lasse kaum eine einigermaßen sichere Gewinnprognose zu. Der Anleger müsse sich außerdem fragen, wo die Gründe für diese starken Ausschläge nach oben oder unten zu suchen sind.

Wertvolle Blue-Chip-Unternehmen weisen darüber hinaus eine über Jahre hinweg hohe Eigenkapitalrendite aus. Darunter ist das Verhältnis von Gewinn zu eingesetztem Kapital (= Eigenkapital) zu verstehen. Angenommen, das Unternehmen verfügt über Aktiva von 50 Millionen Euro und über Verbindlichkeiten in Höhe von 10 Millionen. Daraus ergibt sich ein Eigenkapital von 40 Millionen. Liegt nun der Gewinn nach Steuern bei 3,5 Millionen Euro, so ergibt dies eine Eigenkapitalrendite von rund 11,5 Prozent (40 Millionen dividiert durch 3,5 Millionen).

Die in unserem Beispiel errechnete Eigenkapitalrendite von 11,5 Prozent entspricht fast dem langjährigen Durchschnitt amerikanischer Aktiengesellschaften. Gelingt es einem Unternehmen, über Jahre hinweg eine überdurchschnittliche Eigenkapitalrendite zu erwirtschaften, so spricht dies für das Management, das offenkundig mit dem ihm anvertrauten Geld wirtschaftlich umzugehen weiß.

Schließlich gehört zu einer soliden Unternehmensgeschichte ein stetig steigender Aktienkurs. Natürlich wird es dabei immer mal wieder zu Korrekturen nach unten kommen, wichtig jedoch ist, dass der Trend über einen langen Betrachtungszeitraum nach oben zeigt.

Dabei gilt es zwei Kategorien von Blue Chips zu unterscheiden: Die defensiveren Werte zeichnen sich durch eine geringere Schwankungsbreite (Volatilität) aus. Hierzu gehören im DAX der 30 größten deutschen Standardwerte zum Beispiel die Chemie-Riesen BASF und Bayer. Bei anderen Blue Chips mussten die Anleger infolge einer deutlich stärkeren Volatilität schon mehr Nervenstärke mitbringen. In diese Kategorie fallen zum Beispiel die Papiere der Deutschen Telekom, von Infineon und SAP.

GUT ZU WISSEN

Der Beta-Faktor

Wertpapiere sind bekanntlich teilweise deutlichen Schwankungen ausgesetzt. Darin liegen die Gewinnchancen ebenso wie die Verlustrisiken. Die Häufigkeit und das Ausmaß von derlei Schwankungen heißen im Fachjargon Volatilität. Geringe Volatilität bedeutet, dass der Kurs weitgehend stabil bleibt und kaum Veränderungen auftreten. Eine hohe Volatilität ist dann gegeben, wenn eine Aktie sehr sensibel auf Marktveränderungen reagiert, mithin häufig Schwankungen festzustellen sind. Die Volatilität eines Wertpapiers wird im Beta-Faktor dargestellt. Er drückt aus, in welchem Maße eine Aktie bei Veränderungen des Gesamtmarktes reagiert. Als Bezugsgröße dient dabei ein Index. Dieser wird gleich „1“ gesetzt. Liegt der Beta-Faktor einer Aktie bei 1,5 Prozent, so bedeutet dies, dass sich der Kurs dieses Wertpapiers um 1,5 Prozent nach unten oder oben bewegt, wenn sich der Gesamtmarkt um 1 Prozent in die entsprechende Richtung verändert.

3. Kriterium: Die internationale Strategie

Erinnern Sie sich noch an die monatelange Übernahmeschlacht, die sich der britische Mobilfunk-Gigant Vodaphone-Airtouch und das deutsche Traditionsunternehmen Mannesmann lieferten? Es mag damals gewichtige Argumente gegen den Einstieg der Briten gegeben haben. Der Einwand freilich, damit gerate ein erfolgreicher deutscher Konzern in ausländische Hände ist nicht nur schwer nachvollziehbar, er mutet sogar anachronistisch an. Schon als „deutsches" Unternehmen verdiente die Mannesmann AG ihr Geld vorrangig im Ausland. Dass der vor allem im Mobilfunkbereich außerordentlich erfolgreiche Konzern zum Objekt der Übernahmebegierde eines britischen Unternehmens wurde, sprach eindeutig für Mannesmann. Die Aktionäre durften sich denn auch über satte Kursgewinne freuen – vorausgesetzt, sie hatten die Anteilsscheine des Düsseldorfer Konzerns rechtzeitig gekauft.

In einer globalisierten Welt gibt es keine deutschen, amerikanischen oder britischen Unternehmen mehr. Die Welt ist der Markt. Selbst mittelständische Unternehmen realisieren heute im Schnitt etwa vierzig Prozent ihres Umsatzes jenseits der Grenzen. Viele Großkonzerne verdanken den Löwenanteil ihrer Gewinne dem Auslandsgeschäft. Coca-Cola, IBM, die Allianz-Versicherung, DaimlerChrysler, Fiat oder Novartis (um nur einige Beispiele zu nennen) verdienen mit ihren Produkten das meiste Geld im Ausland.

Oder denken Sie an Blue-Chip-Unternehmen aus Ländern mit einem sehr kleinen Binnenmarkt. Die niederländische Bank ABN Amro oder ihr Konkurrent ING etwa könnten im eigenen Land kaum überleben – jedenfalls nicht in ihrer heutigen Größenordnung. Also engagieren sie sich im Ausland. Und die Ergebnisse können sich in der Tat sehen lassen: ABN Amro ist derzeit die größte ausländische Bank in den Vereinigten Staaten. Die ING Holding ging unter anderem in Deutschland auf Einkaufstour und erwarb dabei die Mehrheit der BHF-Bank sowie fast 50 Prozent der Allgemeinen Deutschen Direktbank (DiBa).

Eine fehlende oder unzureichende internationale Strategie kommt bei Börsianern ausgesprochen schlecht an. Diese Erfahrung musste zum Beispiel die Deutsche Telekom machen. Spätestens nach der gescheiterten Fusion mit der Telecom Italia und dem unrühmlichen Ende der Partnerschaft mit der France Telecom galt Telekom-Vorstandschef Ron Sommer als schlechter internationaler Stratege. Dieses Image sowie die lange Zeit mangelnde Präsenz in den USA drückten auf den Kurs dieses einst so erfolgreichen Wertes. Auch die Tatsache, dass die Deutsche Telekom in den Staaten Osteuropas sehr gut positioniert ist, stimmte die Marktteilnehmer nicht gnädiger. Die meisten warteten auf den großen „Befreiungsschlag" in den USA. Als der dann kam, wurde er als zu teuer empfunden.

Belassen wir es bei diesen Beispielen. Sie sehen, wie wichtig eine schlüssige internationale Strategie für die erfolgreiche Entwicklung eines Blue Chip ist. Pointierter ausgedrückt: Die Aktie eines Unternehmens, das nicht international präsent ist, kann niemals ein Blue Chip sein. Doch bedenken Sie auch die Kehrseite der Medaille: Ist ein Unternehmen sehr stark vom Auslandsgeschäft abhängig, wird sich eine schlechte Marktentwicklung in den betreffenden Ländern negativ auf die Ertragsentwicklung des gesamten Unternehmens auswirken und den Aktienkurs fallen lassen.

Unser Praxistipp

Informieren Sie sich vor einem Aktienkauf, inwieweit das entsprechende Unternehmen international präsent ist. Bei der Recherche dieses Themas erweist sich das Internet als wahre Fundgrube. Die besten Adressen und Informationsquellen finden Sie im FALKEN Taschenbuch 60620 „Gewinnen mit Finanznachrichten". Selbstverständlich können Sie sich auch direkt an die Investor-Relations-Abteilungen der Unternehmen wenden und konkrete Fragen nach dem internationalen Geschäft stellen. Auch die Geschäftsberichte der Aktiengesellschaften geben hierüber Auskunft.

4. Kriterium: Eingeführte Marken oder Dienstleistungen

Als im Frühjahr 2000 die Aktien der bis dahin viel gepriesenen Internet-Unternehmen plötzlich nachgerade sturzbachähnlich nach unten rauschten, fand unversehens ein neuer Begriff Eingang in das Vokabular der Börsianer: Fortan fragten sie nach der Verbrennungsrate („Burn-rate") eines Unternehmens. Im Klartext: Wie lange braucht ein junges Unternehmen, um das bei seinem Börsengang von mutigen Anlegern eingenommene Kapital aufzubrauchen?

Das geht schneller, als mancher euphorische Internet- und eBusiness-Investor glauben mag. Nach Untersuchungen des renommierten Platow-Briefs gibt es am Neuen Markt Unternehmen, die sieben Mark ausgeben müssen, um eine Mark Umsatz zu erzielen (siehe auch Kasten „Gut zu wissen"). Gut nachvollziehbar, dass in solchen Gesellschaften das von Anlegern investierte Geld schnell aufgebraucht ist. Dem Unternehmen bleibt dann nur noch, sich am Kapitalmarkt weitere Mittel zu besorgen – oder aber gleich aufzugeben. In beiden Fällen verliert der Aktionär einen Großteil seines investierten Kapitals oder er erleidet sogar einen Totalverlust.

GUT ZU WISSEN

„Burn-rate"

Die „Burn-rate" gibt das Verhältnis von investiertem Kapital zu realisiertem Umsatz an. Angenommen, ein Internet-Start-up gibt zwei Mark aus, nimmt aber nur eine Mark ein, so liegt die „Burn-rate" bei 2:1. Um zehn Millionen Mark Umsatz zu erzielen, müsste die Aktiengesellschaft somit zwanzig Millionen Mark investieren. Manche Unternehmen am Neuen Markt weisen sogar noch eine wesentlich höhere „Burn-rate" auf. Diese Form der „Kapitalverbrennung" muss nicht zwangsläufig zur Insolvenz führen. Die weitaus meisten Unternehmen weisen in den ersten Monaten und Jahren nach ihrem Start Anfangsverluste auf. Das ist nicht weiter alarmierend, sofern es dem Management gelingt, möglichst schnell

die Gewinnschwelle zu erreichen und in der Folgezeit schwarze Zahlen zu schreiben. Wird dieser Turn-around hingegen immer weiter in die Zukunft verschoben, sollten beim Anleger unbedingt sämtliche Alarmglocken klingeln.

Dass die „Burn-rate“ gerade bei eBusiness-Unternehmen besonders hoch ist, kann nicht überraschen. Wer im Internet Waren oder Dienstleistungen verkaufen will, kann nicht warten, bis sich mal der eine oder andere Surfer auf die betreffende Website verirrt. Also müssen die Unternehmen ihr Angebot bekannt machen. Sie müssen auch in anderen Medien kräftig die Werbetrommel rühren. Denn bleiben die Kunden aus, ist es bald vorbei mit der Internet-Fantasie. Das bedeutet: Der Marketing- und Werbeaufwand für junge Internet-Start-ups ist kolossal und wird allzu häufig unterschätzt.

Als Blue-Chip-Investor brauchen Sie die „Burn-rate“ nicht zu fürchten, denn Sie besitzen Aktien von Unternehmen, deren Produkte oder Dienstleistungen längst am Markt eingeführt sind und im Idealfall keiner Werbung mehr bedürften. Nehmen wir zum Beispiel Markenartikel wie Nivea, Persil oder Alete. In allen Fällen handelt es sich gleichsam um deutsche „Klassiker“. Hinter diesen Produkten stehen die Unternehmen Beiersdorf, Henkel und Nestlé. Oder denken wir an bekannte Dienstleister wie die Allianz-Versicherung oder die Lufthansa. Selbst Zeitgenossen, die mit Wirtschaftsthemen wenig am Hut haben, wissen, mit welchen Produkten diese Unternehmen ihr Geld verdienen. Sie haben es deshalb nicht nötig, ihr Produkt bekannt zu machen. In ihrer Werbestrategie können sie davon ausgehen, dass die Zielgruppe weiß, in welcher Branche das Unternehmen tätig ist.

Im Klartext: Blue-Chip-Unternehmen zeichnen sich nicht zuletzt dadurch aus, dass sie bereits erfolgreich am Markt eingeführte Produkte oder Dienstleistungen anbieten.

5. Kriterium: Hohe Börsenkapitalisierung

Wenn Sie einen der 30 im DAX enthaltenen deutschen Blue Chips kaufen, dürfen Sie sozusagen automatisch davon ausgehen, dass Sie einen Wert mit hoher Börsenkapitalisierung ins Depot geholt haben. Ansonsten nämlich wäre er nicht im „großen DAX" enthalten. Denn die Börsenkapitalisierung ist ein wichtiges Kriterium für die Aufnahme in die „Bundesliga" der Börsenwelt und die Gewichtung in diesem Index. Zunehmend gewinnt jedoch der „Free float" als weiteres Entscheidungskriterium an Bedeutung. Dabei geht es um die Frage, wie viele Aktien tatsächlich im freien Handel sind. Immerhin gibt es kleine und mittlere Unternehmen, deren Aktien sich in den Händen einer oder mehrerer Familien befinden. Auch große DAX-Titel wie die Allianz oder die Münchener Rück haben einen vergleichsweise geringen Free float, sprich: die Zahl der Kleinaktionäre ist gering.

Der Vorteil einer hohen Börsenkapitalisierung liegt auf der Hand: Im Gegensatz zu manchen marktengen Werten, wie sie zum Beispiel am Neuen Markt gehandelt werden, sind Blue Chips resistenter gegenüber zufälligen Kursschwankungen. Bei Aktien kleinerer Unternehmen reicht mitunter schon die Empfehlung in einem Börsenbrief, um den Kurs nach oben oder unten zu treiben. Das heißt, wenige Marktteilnehmer können auf das Kursgeschehen des Unternehmens Einfluss nehmen. Dass dadurch auch der gezielten Kursmanipulation Tür und Tor geöffnet ist, versteht sich von ganz allein.

Je höher aber die Börsenkapitalisierung eines Unternehmens, desto größer muss das Handelsvolumen ausfallen, um den Kurs in die eine oder andere Richtung zu bewegen. Das schaffen in der Regel nur institutionelle Anleger mit massiven Käufen oder Verkäufen.

Wie man eine hohe Börsenkapitalisierung einsetzt, um den Aktienkurs zu pflegen, bewies besonders geschickt die Deutsche Telekom im Sommer 1999 unmittelbar vor dem zweiten Börsengang des Unternehmens. Damals war der Kurs der T-Aktie kurzzeitig unter 35 Euro gefallen. Schlechte Voraussetzungen also, um den Investoren neue Telekom-Aktien zu verkaufen. Also wurden kurzerhand die noch im Besitz des Bundes befindlichen T-Aktien zum Börsenhandel angemeldet, obgleich

MARKTKAPITALISIERUNG DER 30 DAX-UNTERNEHMEN	
Unternehmen	**Marktkapitalisierung in Mrd. Euro**
Deutsche Telekom	207,53
Siemens	97,55
Allianz	95,29
DaimlerChrysler	59,07
Münchener Rück	57,03
Deutsche Bank	51,91
Infineon	46,90
E.ON (= Veba + Viag)	43,30
Bayer	30,53
BASF	27,80
HypoVereinsbank	27,74
SAP Vz.	25,89
Dresdner Bank	24,17
Commerzbank	20,96
BMW	20,61
RWE	18,83
VW	13,67
Schering	11,38
Metro	10,77
Lufthansa	10,07
ThyssenKrupp	9,49
Epcos	8,82
Preussag	7,20
Fresenius Medical Care	6,41
Linde	5,30
Degussa-Hüls	5,07
MAN	4,22
Henkel Vz.	3,81
Karstadt/Quelle	3,16
Adidas-Salomon	2,94

Quelle: Eig. Recherche, Stand: 8/2000

sie hierfür noch gar nicht zur Verfügung standen. Durch diesen Schritt erhöhte sich die Gewichtung der Aktie im DAX. Die Folge: Viele Fondsgesellschaften, die den DAX nachbilden, mussten Telekom-Aktien nachkaufen, was dem Kurs kräftig nach oben half.

GUT ZU WISSEN

Börsenkapitalisierung

Die Börsenkapitalisierung einer Aktie lässt sich durch eine einfache Rechnung ermitteln: Zahl der im Umlauf befindlichen Aktien multipliziert mit dem aktuellen Börsenkurs zu einem Stichtag.

6. Kriterium: Aufnahme in einen Blue-Chip-Index

Sicher werden Sie sich noch an den Börsengang des Halbleiter-Herstellers Infineon erinnern. Immerhin hat dieser das Anfang 2000 grassierende Börsenfieber fast schon bis zur Hysterie gesteigert. Begehrt waren die Papiere nicht zuletzt deshalb, weil schon damals als ausgemachte Sache galt, dass die Hightech-Aktie wenige Monate später in den „großen DAX" aufgenommen würde. Die Mitgliedschaft in diesem Club garantiert internationale Aufmerksamkeit, denn immerhin gilt der DAX mit seinen 30 Standardwerten als einer der renommiertesten Aktienindizes der Welt. Wie bereits erwähnt, bilden viele Investmentfonds den DAX ab oder sie orientieren sich zumindest an ihm. Das heißt, das Fondsmanagement muss die in diesem Index enthaltenen Werte kaufen, was in der Regel den Kurs nach oben treibt.

Das muss jedoch nicht zwangsläufig so sein, was zum Beispiel die Beate-Uhse-Aktie beweist. Das Papier des Erotik-Unternehmens schaffte den Aufstieg vom Smax (also dem Index für kleinere Unternehmen) in den MDAX und damit in die Top 100 der deutschen Aktiengesellschaften. In der Öffentlichkeit wurde dieser Aufstieg in die Spitzenliga kaum wahrgenommen. Nach einem fulminanten Start dümpelte die Beate Uhse-Aktie monatelang lust- und kraftlos vor sich hin.

Anders verhielt es sich beim Börsengang von T-Online im Frühsommer 2000. Auch bei diesem Titel war die spätere Aufnahme in den Nemax 50 – also in den Blue-Chip-Index des Neuen Marktes – von vornherein absehbar, was der Aktie trotz eines damals schwierigen Börsenumfeldes zunächst auf die Sprünge half.

Blue-Chip-Indizes gibt es sowohl für die klassischen Werte (Old Economy) als auch für die Hightech- und Internet-Aktien (New Economy). Der bekannteste Index der New Economy, auf den die ganze Welt schaut, ist nach wie vor der Nasdaq Composite, in dem unter anderem Schwergewichte wie Microsoft oder Yahoo vertreten sind.

Die wichtigsten Aktienindizes sind neben dem DAX der Euro-Stoxx-50-Index mit den 50 Blue Chips aus allen Ländern des Euro-Raums, der britische FT-SE 100, der französische CAC 40, der italienische Mibtel, der spanische Ibex, der schweizerische SMI, der amerikanische Dow-Jones-Index, der schon erwähnte Nasdaq Composite, der japanische Nikkei sowie der Hang Seng aus Hongkong (siehe auch das Kapitel „Blue-Chip-Indizes unter der Lupe“, S. 45 ff.).

UNSER PRAXISTIPP

Wie bereits erwähnt, werden die einzelnen Aktien innerhalb der Indizes unterschiedlich gewichtet. Falls Sie sich für die aktuelle Gewichtung der Aktien interessieren, können Sie diese Informationen über das Internet bei der Deutschen Börse AG abrufen (www.exchange.de, dann auf „Market Data“, dann auf „Statistik“ und schließlich auf „Indexdaten“ klicken).

GUT ZU WISSEN

Börsenindizes

Aktienindizes stehen für den statistischen Durchschnittswert bestimmter, nach repräsentativen Kriterien ausgewählter und in einem Korb zusammengefasster Aktien. Diese „Börsen-Barometer“ spiegeln daher recht deutlich aktuelle Kursentwicklungen an den Kapitalmärkten wider. Der DAX wurde am 1. Juli 1988 ins Leben

gerufen. Er startete bei 1000 Punkten. Für die Jahre zuvor wurden bis 1960 die DAX-Werte im Nachhinein berechnet. Beim DAX handelt es sich um einen so genannten Performance-Index. Das heißt, in ihm werden auch die Dividendenzahlungen und die Veränderungen des Grundkapitals mitberücksichtigt. Der amerikanische Dow-Jones-Index hingegen gibt ausschließlich die Kursveränderungen an der Wall Street wider. Der „große DAX" der 30 deutschen Standardwerte repräsentiert immerhin fast 80 Prozent des gesamten Börsenumsatzes.

Checkliste: So erkennen Sie Blue Chips

- Steht der Name des Unternehmens, dessen Aktien Sie kaufen wollen, beispielhaft für eine ganze Branche?
- Handelt es sich idealerweise um den Marktführer seiner Branche?
- Überzeugt die Unternehmensstory? Erwirtschaftet das Unternehmen nachhaltig Gewinne?
- Wird das Management der Aktiengesellschaft von Analysten und Fachjournalisten als professionell und innovativ eingestuft?
- Weist das Unternehmen eine hohe Eigenkapitalrendite aus?
- Ist die Aktiengesellschaft auch international gut positioniert oder weist Sie in dieser Hinsicht Schwächen gegenüber den Mitbewerbern auf?
- Verkauft das Unternehmen eine bereits am Markt erfolgreich eingeführte Marke oder Dienstleistung?
- Hat die Gesellschaft eine hohe Börsenkapitalisierung?
- Ist die Aktie in einem der führenden Blue-Chip-Indizes enthalten?

Die Stärken von Blue Chips

Totalverlust ausgeschlossen: „Too big to fail"

Vielleicht erinnern Sie sich noch an jene nasskalten Novembertage des Jahres 1999, als in Frankfurt das Schicksal eines der traditionsreichsten deutschen Unternehmen endgültig besiegelt schien und Tausenden von Mitarbeitern wenige Wochen vor Weihnachten die Arbeitslosigkeit drohte. Tagelang war verhandelt worden, nächtelang saßen Vorstand und Bankenvertreter zusammen. Ohne Ergebnis – der Baukonzern Philipp Holzmann AG musste den Gang zum Insolvenzrichter antreten. Dann freilich geschah ein kleines Wunder: Unter Vermittlung des Bundeskanzlers stimmten die Banken am Ende einem sicher nicht unumstrittenen Sanierungskonzept zu und nahmen dafür Ausfälle in Milliardenhöhe in Kauf. Die Mitarbeiter jubelten, die Politiker ließen sich feiern – und viele mittelständische Unternehmer tobten. Wenn ein Großkonzern durch eigene gravierende Fehler in die Insolvenz gerate, greife der Bundeskanzler persönlich ein, befinde sich hingegen ein kleinerer Betrieb in existenziellen Schwierigkeiten, lasse sich in der Regel nicht einmal der Bürgermeister blicken, kritisierten die Mittelständler.

Das mag in der Tat ungerecht sein, Ihnen als Aktionär beweist diese spektakuläre Rettungsaktion zumindest eines: Großunternehmen können nicht einfach Pleite gehen, weil sie nicht Pleite gehen dürfen. „Too big to fail" lautet in diesem Fall die Devise – zu groß, um zu scheitern. Nun war die Philipp-Holzmann-Aktie spätestens seit den Neunzigerjahren kein Blue Chip mehr, obwohl sie im MDAX, also im Index der siebzig mittelgroßen deutschen Aktiengesellschaften enthalten ist. Dennoch hätte die Insolvenz schwerwiegende Folgen gehabt: Zehntausende von Menschen hätten bei Holzmann und seinen Partnerunternehmen ihren Job verloren, kleine Handwerksbetriebe wären unter Umständen auf dem größten Teil ihrer Forderungen sitzen geblieben und auf den

Baustellen rund um die Welt hätte sich die Frage gestellt, wer die Vielzahl der begonnenen Projekte nun zu Ende führen soll. Kurzum: Der volkswirtschaftliche Schaden einer Insolvenz wäre enorm gewesen. Die Rettungsaktion erschien vor diesem Hintergrund als das kleinere Übel.

Was für eine mittelgroße Aktiengesellschaft wie Philipp Holzmann gilt, trifft erst recht auf die „Riesentanker“ der europäischen Wirtschaft zu: Sie sind unsinkbar. Eine Deutsche Bank wird ebenso wenig eines Tages vom Kurszettel der Börse verschwinden wie Vodaphone, Royal Dutch, Microsoft, American Express, die Deutsche Telekom oder Sony. Das Scheitern eines Unternehmens von solcher Größenordnung käme einem volkswirtschaftlichen Desaster gleich und würde die gesamte Börse mit in den Abgrund reißen. Die Siemens AG beschäftigt insgesamt 443 000 Mitarbeiter, VW 306 000 und sogar der Handelsriese Karstadt/Quelle hat rund 115 000 Männer und Frauen auf seiner Lohn- und Gehaltsliste stehen. Kein Politiker könnte es sich leisten, tatenlos zuzusehen, wenn einem solchen Unternehmen das Aus drohen würde. Notfalls müssen daher Steuergelder her, um das Schlimmste – den Konkurs – zu verhindern.

Das bedeutet für Sie als Anleger: Die Gefahr eines Totalverlustes besteht nicht. Ihre Aktie mag kräftig an Wert verlieren, in Crash-Zeiten vielleicht sogar kurzfristig um über 50 Prozent einbüßen. Das ist zwar schmerzlich genug, doch Sie werden niemals morgens aufwachen und feststellen müssen, dass der Wert Ihres Depots auf Null gefallen ist. Wer in Blue Chips investiert und noch dazu langfristig disponiert, braucht sich von Kurseinbrüchen nicht aus der Ruhe bringen zu lassen. In ein paar Wochen oder Monaten kann die Aktie schon wieder ins Plus gedreht haben.

Halten wir also fest: Auch mit Blue Chips können Sie Geld verlieren, aber nie ihr gesamtes eingesetztes Kapital. Zudem ist es nur eine Frage der Zeit, bis die Kurse wieder ihre alten Höchststände erreichen. Das kann im Extremfall zwar quälend lange Jahre dauern, doch Ausdauer wird an der Börse allemal belohnt.

Diese relative Sicherheit von Blue-Chip-Aktien ist an der Börse gewiss nicht selbstverständlich: Mit dem Kauf einer Aktie werden Sie immerhin Mitinhaber eines Unternehmens – und tragen einen Teil des unternehmerischen Risikos. Das schließt die Gefahr eines Zusammenbruchs des Unternehmens mit ein. Wie schnell dies geschehen kann, zeigte die Entwicklung auf dem Neuen Markt nach den grotesken Übertreibungen Ende 1999/Anfang 2000. Fast jede Neuemission wurde geradezu blind gezeichnet. Jedes Unternehmen, das ein „dot.com" im Namen trug, schien bestens geeignet zu sein, um damit schnell reich zu werden. Als dann im Mai 2000 das virtuelle Modehaus Boo.com wirtschaftlich die Segel streichen musste, trat ein Effekt ein, den man gemeinhin nur aus dem Märchen „Des Kaisers neue Kleider" kennt. Plötzlich schauten die Anleger genauer hin und erkannten, was sie bis dahin nicht hatten erkennen wollen: Fast ein Viertel aller börsennotierten Internet-Unternehmen waren praktisch pleite. Zum ersten GAU am Neuen Markt kam es mit dem Insolvenzantrag von Gigabell im September 2000. Weitere existenzbedrohende Schieflagen folgten.

Sie als Blue-Chip-Investor können mit Gelassenheit auf solche Hiobsbotschaften reagieren, denn für Ihre Aktien gilt selbst im Ernstfall, dass nicht sein kann, was nicht sein darf. Und dass ein Großkonzern von internationalem Prestige einfach Pleite geht, das darf nicht sein.

Weniger Stress dank geringerer Volatilität

Natürlich: Auch die Kurse von Blue-Chip-Aktien können mitunter kräftig abstürzen. In den vergangenen Monaten traf es zum Beispiel so angesehene DAX-Unternehmen wie DaimlerChrysler, Deutsche Telekom, SAP und ThyssenKrupp. Abschläge von 40 bis 50 Prozent sind nicht auszuschließen. Denken Sie daran: Selbst Blue-Chip-Aktien haben keinen eingebauten „Airbag" gegen Kursverluste. Dennoch zeigt die Erfahrung, dass gravierende Ausschläge nach unten und oben bei Standardwerten eigentlich die Ausnahme sind. Abstürze von bis zu 80 Prozent in wenigen Tagen sind bei Standardwerten kaum zu erwarten. Geht ein Wert einmal deutlich in die Knie, so folgt in der Regel recht schnell eine Phase der Erholung.

Die stetige, aber sicher nicht explosionsartige Aufwärtsentwicklung der deutschen Standardtitel spiegelt sich im Anstieg des DAX seit dem

Jahr 1988 wider, dem Jahr, in dem dieser Aktienindex ins Leben gerufen wurde. Wussten Sie, dass dieses Börsenbarometer – gemessen an den jeweiligen Jahresendständen – in zwölf Jahren nur dreimal etwas schlechter abschnitt als im Vorjahr? Dies war 1990, 1992 und 1994, und zwar vor allem als Folge des Golfkriegs und hoher Zinsen nach der deutschen Wiedervereinigung. In allen anderen Jahren legte der DAX zu – seit 1996 sogar sehr kräftig.

Wie volatil Blue Chips tatsächlich sind, hängt von der Branche ab, in der das dahinter stehende Unternehmen tätig ist. Im DAX der 30 größten deutschen Standardwerte sind beide Kategorien vertreten: Aktien, die nur sehr geringe Schwankungsbreiten aufweisen, und Papiere, die mitunter eine regelrechte Achterbahnfahrt hinlegen.

Die Halbleiterbranche zum Beispiel gilt als ausgesprochen zyklisch. Das heißt vereinfacht ausgedrückt, Phasen mit sehr starker Nachfrage, in denen die Unternehmen sehr gut verdienen, stehen Zeiten mit ausgeprägten Flauten gegenüber. Das macht eine Aktie wie die der Infineon AG sehr volatil. Bankentitel wiederum reagieren stark auf Veränderungen des Zinsniveaus. Sie sind – wie es im Fachjargon heißt – zinssensibel. Steigt die „Miete fürs Geld“, fallen in der Regel die Aktienkurse der Geldinstitute.

Chemie-Aktien wie beispielsweise die Papiere von Bayer, BASF oder Schering sind von der globalen Konjunkturlage abhängig. Geht die Weltwirtschaft auf Wachstumskurs, stehen die Chancen auf steigende Kurse recht gut. Die Aktien der stark exportorientierten Automobilunternehmen wiederum hängen von den Wechselkursrelationen ab. Ein schwacher Euro etwa schafft günstige Rahmenbedingungen für den Absatz europäischer Fahrzeuge außerhalb des Euro-Raums. Hingegen profitieren die Aktien von Handelsunternehmen – zum Beispiel Karstadt/Quelle – vor allem bei einer guten Binnennachfrage, also dann, wenn die Bundesbürger aufgrund einer optimistischen Zukunftseinschätzung wieder verstärkt konsumieren, statt für den Notfall zu sparen.

Sie sehen, es gibt viele Gründe, weshalb der eine DAX-Titel stark nach unten ausschlägt, während der andere wochenlang auf der Stelle tritt. Anfang 2000 etwa wurde der damalige Börsenboom vor allem von den so genannten TNT-Aktien (TNT = Technologie, Medien und Telekommunikation) getragen, während sich die Werte der Old Economy mäßig bis schlecht entwickelten. Kurz darauf drehte der Trend allmählich.

DAX-Aktien mit über- und unterdurchschnittlicher Volatilität

Überdurchschnittlich:	Unterdurchschnittlich:
Epcos	Allianz
Deutsche Telekom	Bayer
Infineon	Deutsche Bank
SAP	Henkel
Karstadt/Quelle	HypoVereinsbank
Metro	VW
ThyssenKrupp	Preussag

Zugrunde gelegt wurde die Kursentwicklung in den ersten drei Quartalen des Jahres 2000.

Quelle: Eig. Recherche

Unser Praxistipp

Bevor Sie sich für einen Blue Chip entscheiden, sollten Sie sich darüber informieren, wie sich die gesamte Branche entwickelt. Einen wichtigen Anhaltspunkt hierzu gibt Ihnen der CDax. Das C steht für composite (zusammengesetzt). Tatsächlich handelt es sich beim CDax gleichsam um einen Dachindex, in dem mehrere Branchenindizes enthalten sind. Diese Indizes, die Sie zum Beispiel täglich im „Handelsblatt" oder auf den n-tv-Texttafeln nachlesen können, geben zum einen Auskunft darüber, wie sich eine bestimmte Aktie der Branche im Vergleich mit dem Gesamtmarkt entwickelt hat. Sie können mithin feststellen, ob etwa die BASF-Aktie ein Outperformer ist, sprich: sich besser darstellt als der Gesamtmarkt. Bei einem längerfristigen Vergleich der CDax-Indizes erkennen Sie darüber hinaus den Grad der Konjunkturanfälligkeit der entsprechenden Branche. Sie erfahren etwa, wie sich die Aktien der „Versorger" (Telekom, RWE, E.ON usw.) in der Vergangenheit bei rückläufigem Wirtschaftswachstum verhalten haben …

GUT ZU WISSEN

CDax

Der CDax besteht aus einer Reihe von speziellen CDax-Branchenindizes. In diesen sind alle an der Frankfurter Wertpapierbörse in Euro gehandelten Werte enthalten. Der CDax-Gesamtindex sowie einige Branchenindizes werden während der Börsenhandelszeiten minütlich, andere nur einmal pro Börsentag – jeweils zum Ende der Sitzung – ermittelt. Basis für den CDax war der Index-Stand 100 am 31. Dezember 1987. Folgende Branchenindizes sind zu unterscheiden:

- **Automobil (DaimerChrysler, VW, BMW usw.)**
- **Bau (Hochtief, Dywidag, Bilfinger und Berger usw.)**
- **Chemie (Schering, BASF, Bayer usw.)**
- **Beteiligung (Holdings und Immobiliengesellschaften)**
- **Elektro (Siemens, SAP usw.)**
- **Brauereien (Brau und Brunnen, Binding usw.)**
- **Hypobanken (DePfaBank, Rheinhyp usw.)**
- **Kreditbanken (Deutsche Bank, HypoVereinsbank, Commerzbank/Dresdner Bank usw.)**
- **Verkehr (Lufthansa, Eisenbahn-Verkehrsmittel usw.)**
- **Papier (Herlitz, PWE usw.)**
- **Versorgung (Deutsche Telekom, RWE, E.ON usw.)**
- **Eisen und Stahl (z.B. ThyssenKrupp)**
- **Textil (Adidas-Salomon, Hugo Boss usw.)**
- **Versicherungen (Allianz, Münchener Rück, Ergo usw.)**
- **Konsum (Karstadt/Quelle, Metro, Douglas, aber auch Medien wie Pro 7, Viva usw.)**

Gute Dividenden als „Sahnehäubchen“

Wer Aktien kauft, setzt auf Kursgewinne. Denn nur darin bestehen die großen Chancen eines Börsen-Engagements. Anleger, die sich ein zusätzliches kalkulierbares Einkommen wünschen, investieren in festverzinsliche Wertpapiere, Sparbriefe oder zahlen ihr Geld auf Festgeldkonten ein. Aber auch die meisten Aktienanleger können sich Jahr für Jahr über eine Zugabe freuen – vorausgesetzt, das Unternehmen, dessen Papiere sie halten, zahlt eine ordentliche Dividende. Diese Gewinnbeteiligung ist entweder ein „Sahnehäubchen“ auf die im günstigen Fall eingefahrenen Kursgewinne oder aber ein kleines Trostpflaster, wenn die erhofften Gewinne ausblieben. Dass man mit einer guten Dividende die Aktionäre auch in schwierigen Geschäftsjahren bei nachgebenden Börsenkursen bei Laune halten kann, wissen vor allem die deutschen Blue Chips aus der Old Economy. DaimlerChrysler, Bayer, BASF oder ThyssenKrupp gestanden ihren Aktionären schon immer recht hohe Dividenden zu. Auch die Großbanken knausern in dieser Hinsicht selten. Andere Unternehmen zahlen entweder gar keine oder nur eine niedrige Dividende. Wer sich ein möglichst gehaltvolles „Sahnehäubchen“ erhofft, sollte z. B. nicht die Aktie der Softwareschmiede SAP kaufen, denn in puncto Dividende ist dort „Schmalhans“ Küchenmeister.

Bei vielen am Neuen Markt gelisteten Wachstumsunternehmen müssen Sie sogar völlig auf Dividenden verzichten. Grund: Die Unternehmen schreiben entweder Verluste oder aber sie wollen ihre Gewinne ungeschmälert in den weiteren Ausbau ihrer Firmen stecken.

Die Zahlung einer guten Dividende, wie sie bei vielen Blue Chips aus den Traditionsbranchen üblich ist, spricht mitunter für den Kauf einer bestimmten Aktie. Immerhin kann die ausgeschüttete Dividende im Verhältnis zum aktuellen Börsenkurs höher liegen als die Zinsen, die sich mit konservativen Anlageprodukten – wie beispielsweise dem Sparbuch – erzielen lassen.

Dennoch darf die Höhe der Dividende nicht zum entscheidenden Kriterium bei der Auswahl von Aktien werden. Denn es gibt zumindest drei Gründe, weshalb eine vordergründig investorenfreundliche Dividendenpolitik letztlich von Nachteil für den Anleger sein kann:

- Ein Unternehmen, das seinen Aktionären eine Dividende zahlt, trennt sich von einem Teil seines Gewinns. Bliebe das Geld in der Gesellschaft, stiege damit der Wert der Firma. Und der spiegelt sich auch im Börsenkurs wider. Anders ausgedrückt: Hohe Dividenden können dazu beitragen, das Kurspotenzial einer Aktie zumindest zu minimieren.
- Im Gegensatz zu Kursgewinnen, die Sie nach Ablauf der zwölfmonatigen Spekulationsfrist steuerfrei vereinnahmen können, greift bei der Dividende der Fiskus zu. Es sei denn, die Dividenden-Einnahmen bleiben unter dem jährlichen Freibetrag von 3100 Mark bei Ledigen und 6200 Mark bei Verheirateten. Wenn Sie also – was vernünftig ist – einen Teil Ihres Vermögens in sichere, verzinste Anlageformen investiert und dadurch ihren Freibetrag bereits ausgeschöpft haben, sollten Sie eher auf Aktien oder Aktienfonds mit geringer oder gar keiner Dividendenausschüttung setzen. Denn wenn von den Dividendenerträgen auch noch der dreißigprozentige Zinsabschlag abgezogen wird, bleiben Ihnen am Ende nur die sprichwörtlichen „Peanuts“.
- Als Aktionär haben Sie keinen Anspruch auf Dividendenzahlungen. Die Höhe dieser Zahlung ist abhängig vom Geschäftsverlauf. Eine Aktiengesellschaft, die Sie in diesem Jahr noch mit einer ansehnlichen Dividende verwöhnt, kann deren Höhe schon im nächsten Jahr deutlich reduzieren oder sogar überhaupt keine Dividende mehr zahlen, falls das „Budget“ es nicht zulässt.

Fassen wir zusammen: Vor allem viele deutsche Blue-Chip-Unternehmen zahlen ihren Aktionären teilweise eine relativ hohe Dividende. So sehr man sich über diese Überweisung am Tag nach der Hauptversammlung der Aktiengesellschaft auch freuen mag, letztlich entscheidend für den Aktienkauf sollte das Kurspotenzial sein. Stimmt beides – sowohl die Kursaussichten als auch die Dividendenrendite –, dann sollten Sie schnellstmöglich zugreifen.

WAS DAX-UNTERNEHMEN IHREN AKTIONÄREN ZAHLEN	
Unternehmen	**Dividende pro Aktie in Euro**
Adidas-Salomon	0,92
Allianz	1,25
BASF	1,13
Bayer	1,30
BMW	0,40
Commerzbank	0,80
DaimlerChrysler	2,35
Degussa-Hüls	1,15
Deutsche Bank	1,15
Deutsche Telekom	0,62
Dresdner Bank	0,90
E.ON	1,25
Epcos	0,00
Fresenius Medical Care	0,69
Henkel Vz.	0,93
HypoVereinsbank	0,85
Infineon	0,00
Karstadt/Quelle	0,62
Linde	1,13
Lufthansa	0,56
MAN	0,92
Metro	1,02
Münchener Rück	0,95
Preussag	0,77
RWE	1,00
SAP Vz.	0,53
Schering	0,83
Siemens	1,00
ThyssenKrupp	0,72
VW	0,77

Quelle: Eig. Recherche, Stand: Oktober 2000

GUT ZU WISSEN

Dividendenrendite
Darunter ist das Verhältnis der ausgeschütteten Dividende zum aktuellen Börsenkurs zu verstehen. Ein Beispiel: Die Gesellschaft zahlt pro Aktie 1,20 Euro Dividende, der Börsenkurs liegt bei 40 Euro. Die Dividendenrendite liegt dann bei drei Prozent.

Umsatzvolumen sichert Liquidität

Jeder Preis – sofern er nicht subventioniert wird – richtet sich nach Angebot und Nachfrage. Dies ist sozusagen das kleine ökonomische Einmaleins. Es gilt auf dem Wochenmarkt ebenso wie an der Börse. Vorausgesetzt natürlich, die betreffenden Wirtschaftsgüter werden überhaupt angeboten und nachgefragt. Einmal angenommen, Sie möchten Ihr altes Fahrzeug verkaufen und bieten es für 15 000 Mark an. Doch so sehr Sie sich auch bemühen – keiner möchte Ihr Auto kaufen, obwohl es doch so gepflegt ist und regelmäßig gewartet wurde. Irgendwann kommen Sie dann zu der Erkenntnis, dass vielen potenziellen Käufern der Preis zu hoch erscheint. Mancher würde Ihnen das Fahrzeug gern abkaufen, aber nicht für 15 000 Mark. Ihnen bleiben nun zwei Möglichkeiten. Entweder Sie bleiben felsenfest bei Ihren Preisvorstellungen und hoffen, dass Sie irgendeinen „Dummen" schon finden werden, der Ihnen die gewünschte Summe zahlt, oder aber Sie bieten Ihr Auto zu einem günstigeren Preis an. Falls Sie sich für die zweite Möglichkeit entscheiden, ist die Wahrscheinlichkeit groß, dass Sie Ihr Auto schnell verkaufen. Beharren Sie hingegen auf Ihrem Preis, findet zunächst kein Handel statt, weil Angebot und Nachfrage nicht in Einklang zu bringen sind. Sie hoffen mithin auf einen Zufall, eben auf den „Dummen", der Ihnen mehr zahlt als den aktuellen Marktpreis.

Was hat das mit der Börse zu tun? Nun, auch dort gibt es ausgesprochene Ladenhüter, die keiner kaufen möchte. Sei es, weil das Papier nicht so recht bekannt ist, sei es, weil die Anleger nicht einschätzen können, welches Potenzial die Aktie eigentlich aufweist. Ergebnis: Der

Wert führt einen Dornröschenschlaf. Das Handelsvolumen ist extrem gering, die Aktie dem Gesetz von Angebot und Nachfrage daher nur sehr bedingt ausgeliefert. Potenzielle Käufer der Aktie wissen also nicht, ob sie einen angemessenen Preis zahlen, oder ob Sie zu den „Dummen" zählen, die sich einen überteuerten Ladenhüter ins Depot legen. Potenzielle Verkäufer wiederum laufen Gefahr, dass niemand ihre Aktien ordern möchte

Auf der anderen Seite können bei geringen Handelsvolumina bereits wenige Marktteilnehmer den Wert massiv beeinflussen – und zwar nach oben ebenso wie nach unten. Eine Verkaufsempfehlung in einem der vielen Börsenbriefe oder in den Internet-Börsenchats kann ausreichen, um den Kurs kollabieren zu lassen.

Bei Blue Chips besteht hingegen normalerweise ein sehr reger Handel. Mehrere Millionen dieser Aktien wechseln täglich ihre Besitzer. Angesichts des intensiven Zusammenspiels von Angebot und Nachfrage bildet sich sehr rasch ein marktnaher Preis. Wer die betreffende Aktie kauft, kann somit davon ausgehen, dass er einen Einstiegskurs erwischt, den die Börse zu dem jeweiligen Zeitpunkt zu zahlen bereit ist. Ob dies ein günstiger Preis ist, steht auf einem anderen Blatt. Das zeigt erst die Zukunft. Aber es handelt sich immerhin um einen Marktpreis, der nicht auf dem Zufallsprinzip beruht.

Als Blue-Chip-Investor haben Sie schließlich auch keine Probleme, Ihre Aktien jederzeit zu einem marktgerechten Preis wieder zu verkaufen. Das große Handelsvolumen sorgt für hohe Liquidität am Markt. Ein Vorteil gerade für private Anleger, die nicht befürchten müssen, im Extremfall auf ihren Aktien sitzen zu bleiben.

Blue Chips für die Altersvorsorge

Wer sich auch fürs Alter den gewohnten Lebensstandard sichern möchte, muss privat vorsorgen. Und das in erheblichem Umfang. Um ein entsprechend hohes Vermögen für den Ruhestand aufzubauen, kommt man an der Aktienanlage nicht vorbei, denn das Investment in Dividendenpapieren bringt langfristig unbestritten die höchsten Renditen ein. Egal, für welche Art der privaten Altersvorsorge Sie sich entscheiden, in irgendeiner Form werden Sie direkt oder indirekt Ihr Geld in Aktien anlegen. Selbst bei der kapitalbildenden Lebensversicherung – dem Klassiker der Altersvorsorge – fließt heute bei den meisten Gesellschaften ein höherer Anteil in die Aktienanlage als noch vor wenigen Jahren. Und auch in den so genannten AS-Fonds (= Altersvorsorge-Sondervermögen) sind Aktien enthalten.

Gerade beim Aufbau Ihrer privaten Rente wird der Unterschied zwischen planlosem Zocken und langfristiger Anlage in Qualität offenkundig. Strategie statt Spekulation lautet die Maxime. Wenn Sie am Neuen Markt eine realistische Chance sehen, mit der Zeichnung einer Neuemission im Handumdrehen ein paar tausend Euro zu verdienen, so sollten Sie diese Möglichkeit natürlich nutzen. Wenn es aber um den Aufbau Ihrer Altersversorgung geht, dann zählt nicht der schnelle, sondern der stetige Euro.

Gestatten Sie an dieser Stelle ein kurzes, aber interessantes Experiment. Nehmen wir an, Sie hätten die Wahl zwischen zwei Aktien, deren Kursentwicklung Ihnen ein Börsenguru absolut zuverlässig voraussagen könnte (solche Gurus gibt es natürlich nicht, aber das tut bei unserem Experiment nichts zur Sache). Die spekulative Aktie bringt Ihnen im ersten Jahr eine Performance von 80 Prozent, im zweiten Jahr aber einen Verlust von 40 Prozent ein. Die zweite Aktie – ein Blue Chip – rentiert im ersten und im zweiten Jahr jeweils mit acht Prozent. Für welche Aktie würden Sie sich entscheiden? Die meisten Befragten ziehen die spekulative Aktie vor, weil diese selbst nach einem Rückgang von 40 Prozent im zweiten Jahr immer noch mit 40 Prozent im Plus ist, während die vermeintlich langweilige Aktie lediglich eine Rendite von 16 Prozent verspricht.

Wer die Sache aber durchrechnet, kommt zu einem verblüffenden Ergebnis. Nehmen wir an, Sie investieren 10 000 Euro in die spekulative Aktie. Dann dürfen Sie sich nach einem Jahr über 8000 Euro Gewinn freuen (= 80 Prozent). Im zweiten Jahr aber verliert die Aktie 40 Prozent. Macht unter dem Strich 10 800 Euro (= 18 000 Euro minus 40 Prozent). Insgesamt haben Sie also einen Gewinn von 800 Euro in zwei Jahren eingestrichen.

Nun investieren Sie 10 000 Euro in den Blue Chip. Das bringt Ihnen im ersten Jahr einen Gewinn von acht Prozent. Sie verfügen somit über 10 800 Euro. Im zweiten Jahr kommt wiederum eine Rendite von acht Prozent hinzu. Im Ergebnis bringt Ihnen der Blue Chip mithin 11 664 Euro oder 864 Euro mehr als die spekulative Aktie.

Entscheiden Sie selbst: Welche der beiden Aktien ist zum langfristigen Aufbau Ihrer privaten Altersversorgung besser geeignet ...? Eigentlich eine rein rhetorische Frage.

Wenn Sie bei Ihrer privaten Altersvorsorge auf Aktien setzen, sollten Sie drei einfache, aber wichtige Grundregeln beachten:

- Investieren Sie nur in erstklassige Qualitätsaktien von Marktführern (= Blue Chips).
- Streuen Sie das Risiko, indem Sie in verschiedene Branchen und in verschiedene Märkte investieren.
- Investieren Sie langfristig – je länger, desto besser.

Lassen Sie uns dieses Kapitel mit einem offenen Wort an die Spezies der Daytrader beenden (Sie wissen, das sind die zockenden Spekulanten, die durch den Kauf und Verkauf von Aktien innerhalb eines Tages und manchmal auch innerhalb weniger Minuten das große Geld machen wollen). Zugegeben: Mancher Daytrader hat an der Börse schon so viel Geld verdient, dass er sich ernsthaft die Frage stellte, ob er denn überhaupt noch arbeiten solle. Häufig genug kommt es aber zu existenzbedrohenden Abstürzen. In den einschlägigen Medien aber wird fast ausnahmslos über die beeindruckenden Erfolgsstorys berichtet, was manchen dazu veranlasst, die hohen Risiken des Daytrading auszublenden.

Sehen wir den Tatsachen ins Auge: Ein Privatanleger, der mit Daytrading sein Glück versucht, sollte besser gleich in eine Spielbank gehen. Denn dort besteht zumindest halbwegs Chancengleichheit. Der Daytrader aber nimmt es mit den Experten der weltweit engagierten Geld- und Investmentkonzerne auf. Die großen Investmentbanken, wie etwa Merrill Lynch oder Goldman Sachs, investierten jährlich Milliardenbeträge allein in die technische Ausrüstung, um überhaupt erfolgreich im

Daytrading bestehen zu können, warnte der Chefredakteur eines angesehenen Börsendienstes seine Leser zu Recht.

Der Privatanleger hat diesem technischen Equipment der Finanzkonzerne nichts entgegenzusetzen. Selbst ein superschneller Internetzugang und moderne Börsensoftware helfen ihm kaum weiter. Es ist, als würde der Anleger mit einem Smart gegen einen Formel-1-Flitzer antreten.

Das heißt im Umkehrschluss: Relative Chancengleichheit besteht für den privaten Investor an der Börse nur, wenn er langfristig denkt und handelt. Und das sollte beim Aufbau einer privaten Altersversorgung eigentlich eine Selbstverständlichkeit sein.

UNSER PRAXISTIPP

Für Ihre Altersversorgung sollten nur Blue Chips oder – besser noch – Blue-Chip-Fonds in Betracht kommen. Mehr zu diesem Thema im Kapitel „Alternativen zur Direktinvestition in Blue Chips" ab Seite 63 ff.

Blue-Chip-Indizes unter der Lupe

Wer nach Blue Chips sucht, schaut sich zunächst einmal die wichtigen Börsenindizes des betreffendes Landes oder der Branche näher an. Denn dort sind – wie an anderer Stelle bereits erwähnt – die Standardwerte mit hoher Börsenkapitalisierung und einem breiten Free float (also einem hohen Anteil frei gehandelter Aktien) zu finden. Wenn Sie zum Beispiel vorhaben, sich griechische Blue Chips ins Depot zu legen, dann werden Sie dem ASE und den darin enthaltenen 65 Werten Ihre Aufmerksamkeit widmen. Ziehen Sie Schweizer Aktien vor, lohnt sich allemal ein Blick in den SMI. In Finnland werden Sie im Blue-Chip-Index HEX fündig und in Österreich im ATX.

Wenn es für einen Blue Chip von so eminent wichtiger Bedeutung ist, in einem großen und international angesehenen Aktienindex vertreten zu sein, dann sollten wir uns mit diesen „Messlatten" einmal eingehender beschäftigen.

Letztlich sind Indizes Hilfsmittel, um die Entwicklung eines Marktes transparent zu machen. Der Index zeigt an, wie sich der Wert einer bestimmten Sache – im konkreten Fall der Aktienmarkt – im Vergleich zu einem bestimmten Zeitpunkt in der Vergangenheit entwickelt hat. Ein Beispiel: Als 1987 der DAX aus der Taufe gehoben wurde, setzte man das damalige Niveau gleich 1000. Gegen Ende des darauffolgenden Jahres schloss das deutsche Aktienbarometer bei 1398 Punkten. Ein ordentlicher Zuwachs von immerhin knapp 40 Prozent. Hätten Sie damals den DAX in Ihrem Depot 1:1 abgebildet, wäre Ihr investiertes Vermögen um ebenfalls 40 Prozent gestiegen. Wenn Sie aber ganz bestimmte Aktien aus dem DAX gekauft hätten und diese im Schnitt gar um 60 Prozent gestiegen wären, so hätten diese Papiere als Outperformer den DAX geschlagen.

Börsenindizes sind mithin so genannte Benchmarks, also Orientierungsgrößen. Liegt der Wertzuwachs einer einzelnen Aktie oder eines Fonds über dieser Benchmark, spricht man von Outperformern, liegt er darunter, klingt die Bezeichnung für die entsprechende Aktie schon weniger schmeichelhaft: Underperformer lautet dann das Urteil von Analysten und Finanzjournalisten. Entspricht der Kursverlauf einer Aktie in etwa dem Index, so gilt das Papier als Marketperformer.

Die wichtigsten europäischen Blue-Chip-Indizes

Land	Blue-Chip-Index	Kurse und Infos unter ...
Belgien	BEL20	www.bourse.be
Finnland	HEX	www.hse.fi
Frankreich	CAC40	www.bourse-de-paris.fr
Griechenland	ASE	www.ase.gr
Großbritannien	FTSE 100	www.londonstockey.co.uk
Italien	MIB 30	www.boursaitalia.it
Niederlande	AEX	www.aex.nl
Norwegen	OSE	www.nettvik.no/finansen
Österreich	ATX	www.vienna-stock-exchange.at
Schweden	OMX	www.xsse.se
Schweiz	SMI	www.bourse.ch
Spanien	IBEX35	www.bolsamadrid.es

Quelle: Eig. Recherche, Stand: 8/2000

Die wichtigsten Börsenindizes in Kurzporträts

Der Deutsche Aktienindex DAX ist ein eingetragenes Warenzeichen der Deutschen Börse AG. In ihm sind 30 Werte führender Unternehmen aus der Bundesrepublik zusammengefasst, die an den deutschen Börsen im Amtlichen Handel zugelassen sind. Der DAX zeigt Kursschwankungen am Aktienmarkt an und bildet die Basis für die Terminkontrakte an der Deutschen Terminbörse. Zur Berechnung des DAX werden 30 ausgewählte Titel des deutschen Aktienmarktes aus acht Branchen herangezogen, die so genannten Blue Chips. Unter ihnen finden sich namhafte Firmen wie Allianz, BASF, BMW, DaimlerChrysler, Deutsche Bank, Karstadt/Quelle, E.ON, Lufthansa, Münchner Rück, Siemens, Telekom, ThyssenKrupp, Volkswagen usw. Zusammen bringen es diese 30 Titel fast auf 60 Prozent des Grundkapitals der börsennotierten inländischen Aktiengesellschaften und auf 80 Prozent der Börsenumsätze des deutschen Aktienhandels.

Unternehmen, die in die DAX-Auswahl aufgenommen werden, müssen folgende Bedingungen erfüllen:

- hohe Umsätze
- hohes Grundkapital
- hoher Aktienanteil im Streubesitz
- Sie müssen inländisch und von überregionaler Bedeutung sein.

In der Vergangenheit gab es mitunter Kritik an der Zusammensetzung des DAX: Mal wurde die Dominanz der Finanzwerte kritisiert, mal die Tatsache, dass bisher keiner der großen Baukonzerne in diesem international beachteten Kursbarometer enthalten ist. Unternehmen wie Bilfinger und Berger, Hochtief oder Philipp Holzmann müssen mit ihrer Präsenz im MDAX – also gleichsam der zweiten Liga – vorlieb nehmen. Das muss nicht unbedingt ein Nachteil sein. Ein starker Blue Chip im MDAX weist in der Regel allemal mehr Kurspotenzial auf als ein Abstiegskandidat im „großen DAX".

Der Deutsche Aktienindex wird nach einer komplizierten mathematischen Formel durch das elektronische Kurs-Informations-Service-System berechnet.

Als Anleger haben Sie die Möglichkeit, anhand des Deutschen Aktienindex die Schwankungen des Aktienmarktes (Volatilität) zu verfolgen. Hierzu vergleichen Sie den Kursverlauf Ihrer Aktien mit dem des DAX. Sollte es hierbei zu häufigen und ausgeprägten Abweichungen kommen, spricht man von einer volatilen (flatternden) Aktie. Gerade die Aktie der Deutschen Telekom bewies in den vergangenen Jahren sehr anschaulich, dass auch Blue Chips mitunter extrem starken Schwankungen unterliegen. Wer Ruhe in seinem Depot wünscht, wird sich mittelfristig von sehr volatilen Aktien trennen.

Doch bedenken Sie: Irgendwann haben Sie dann nur noch „Langweiler“ in Ihrem Depot, die zwar die Gefahr extrem starker Kursstürze minimieren, andererseits aber auch keine echten Höhenflüge – und damit nur geringe Gewinne – erwarten lassen. In diesem Fall würden Sie wahrscheinlich mit einer attraktiv verzinsten Anleihe oder einem Bundeswertpapier besser fahren.

Seit Juni 1999 wird der DAX nur noch nach den Preisen des Computerhandelssystems XETRA berechnet. In den Jahren zuvor hatte es noch zwei Werte gegeben: den nach dem Parketthandel berechneten Wert und eben den XETRA-DAX.

Durch die unterschiedlichen Handelszeiten von Parkett- und Computerhandel entstanden dabei zwei unterschiedliche Werte des größten deutschen Aktienindex. Es kam sogar vor, dass der Parkett-DAX mit einer positiven Tendenz schloss, der XETRA-DAX aber bereits mit einer negativen. Das hatte häufig für Verwirrung gesorgt. Doch damit ist seit Mitte 1999 Schluss.

GUT ZU WISSEN

XETRA-Handelssystem

XETRA steht als Abkürzung für „Exchange Electronic Trading“. Dieses elektronische Handelssystem wurde Ende 1997 an der Deutschen Börse eingeführt und löste dort das IBIS-System ab. Der Computerhandel (früher IBIS, heute XETRA) ersetzt mehr und mehr den Parketthandel, dessen Tage gezählt sind. Der Computerhandel macht es möglich, Wertpapiergeschäfte auch vor- oder nachbörslich abzuwickeln, also außerhalb der eigentlichen Börsensitzung. Das XETRA-Handelssystem erleichtert in- und ausländischen Marktteilnehmern den direkten Zugang zum deutschen Kassamarkt und hilft, neue Geschäftsmöglichkeiten zu erschließen. So verspricht man sich von XETRA eine Senkung der finanziellen und technischen Marktzutrittsbarrieren und einen Handel über Zeitzonen hinweg.

Andere wichtige deutsche Aktienindizes

Abgesehen vom „großen DAX" gibt es in Deutschland noch einige andere Börsenindizes, in denen ebenfalls lohnende Blue Chips vertreten sind. Einer der wichtigsten neben dem DAX ist der bereits erwähnte MDAX (Mid-Cap-Index). Er errechnet sich aus den Werten von 70 mittelgroßen Unternehmen. Bedenken Sie: Im MDAX sind die Aktien von so hervorragend positionierten Gesellschaften wie etwa dem Versicherungsriesen Ergo, der Deutschen Pfandbriefanstalt (Depfa), dem Automobilzulieferer Continental oder vom ungekrönten deutschen „Brillen-König" Fielmann vertreten. Sie sollten daher auch im MDAX durchaus nach lohnenden Blue Chips suchen. Was die Auswahlkriterien angeht, so entsprechen diese durchweg den im zweiten Kapitel dargestellten Punkten für die großen Werte.

Schließlich haben auch verschiedene Banken und Tageszeitungen ihre eigenen Börsenindizes entwickelt, die sie regelmäßig veröffentlichen, so gibt es zum Beispiel den FAZ-Index. Auch die Commerzbank und die Dresdner Bank veröffentlichen eigene Börsenindizes.

Euro Stoxx: Die europäische Perspektive

Rechtzeitig vor dem Start des Euro zum 1. Januar 1999 kam bereits im Februar 1998 mit dem Stoxx nicht nur ein Aktienindex, sondern ein ganzes Paket von vier Indizes sowie 19 davon abgeleiteten branchenspezifischen Indizes auf den Markt. Seit dem Sommer 1998 werden auch Optionen und Futures mit abgedeckt. Der Dow Jones Stoxx und der Dow Jones Euro Stoxx sind dem Dow-Jones-Index vergleichbare allgemeine Indizes und daher zum Beispiel als Messlatte für Fonds geeignet. Der Dow Jones Stoxx weist 666 Werte aus 19 Branchen aus ganz Westeuropa einschließlich der Schweiz auf, der Dow Jones Euro Stoxx 326 Werte aus den gleichen Branchen jener elf Länder, die derzeit der Europäischen Währungsunion angehören. Die Indizes Dow Jones Stoxx 50 und Dow Jones Euro Stoxx 50 geben die Kursentwicklung von 50 ausgewählten Blue Chips wieder. Wiederum deckt der Dow Jones

Stoxx 50 ganz Europa, der Dow Jones Euro Stoxx 50 jedoch nur den Bereich der Währungsunion ab.

Im Euro Stoxx 50 enthaltene Blue Chips	
Unternehmen	**Land**
ABN Amro	Niederlande
Aegon	Niederlande
Ahold	Niederlande
Air Liquide	Frankreich
Alcatel	Frankreich
Allianz	Deutschland
Aventis	Frankreich
AXA	Frankreich
Banco Bilbao	Spanien
Banco Santander	Spanien
Banque Nat. Paris	Frankreich
BASF	Deutschland
Bayer	Deutschland
Canal Plus	Frankreich
Carrefour	Frankreich
DaimlerChrysler	Deutschland
Deutsche Bank	Deutschland
Deutsche Telekom	Deutschland
Dresdner Bank	Deutschland
E.ON	Deutschland
Electrabel	Belgien
Endesa	Spanien
Enel	Frankreich
ENI Spa	Italien
Fortis	Belgien
France Télécom	Frankreich
Generali	Italien
HypoVereinsbank	Deutschland
ING Group	Niederlande

Unternehmen	Land
KPN	Niederlande
L'Oréal	Frankreich
LVMH	Frankreich
Metro	Deutschland
Münchener Rück	Deutschland
Nokia	Finnland
Philips	Niederlande
Pinault-Printemps	Frankreich
Repsol	Spanien
RWE	Deutschland
Sanofi Synthélabo	Frankreich
Siemens	Deutschland
Société Générale	Frankreich
Suez Lyonnaise	Frankreich
Telecom Italia	Italien
Telefónica	Spanien
Total Fina Elf	Frankreich
Unicredito	Italien
Unilever	Niederlande
Vivendi	Frankreich

Im Dow Jones Euro Stoxx 50 werden folgende 14 deutsche Unternehmen geführt: Allianz, BASF, Bayer, DaimlerChrysler, Deutsche Bank, Deutsche Telekom, Dresdner Bank, E.ON, HypoVereinsbank, Metro, Münchener Rück, RWE und Siemens. Die Lufthansa, die anfangs ebenfalls dabei war, ist im Zuge der Neufestsetzung zum 20. September 1999 herausgefallen.

Insgesamt liegt bei der Auswahl der aufgenommenen Unternehmen der Schwerpunkt auf Energie, Telekommunikation und Versicherungen, im Gegensatz zum DAX, bei dem zum Beispiel die Blue Chips der Automobilindustrie viel stärker repräsentiert sind. Kritiker des Stoxx bemängeln die Auswahl der Unternehmen. Diese sei nicht repräsentativ für die Struktur der europäischen Wirtschaft. Beispielsweise wundern sich manche, dass SAP nicht mit aufgenommen worden war. Auch wird die Frage gestellt, ob für 19 Branchenindizes überhaupt genügend Volumen vorhanden sei. Auf jeden Fall trägt der Euro Stoxx aber dazu bei, Europa als zweitgrößten Aktienmarkt der Welt hinter den USA zu etablieren.

Die amerikanischen Indizes

Börsentäglich ab 15.30 Uhr schauen ausgesprochene Aktienfreaks je nach Marktlage entweder zuversichtlich oder eher ängstlich an die Wall Street. Wie wird die amerikanische Leitbörse eröffnen, wie startet der Dow Jones? Und tatsächlich hat die Aufmerksamkeit, die dem US-Markt entgegengebracht wird, einen guten Grund: Noch immer nämlich orientieren sich die europäischen Börsen sehr stark an der Wall Street. Rutscht der Dow Jones ins Minus, fällt auch der DAX. Und das Bemerkenswerte: Der DAX fällt dann in der Regel noch stärker als der amerikanische Index. Eröffnet die Wall Street hingegen freundlich, darf sich der DAX-Investor meist bequem zurücklehnen, denn ein steigender Dow-Jones-Index beflügelt auch das deutsche Börsenbarometer. Die Hoffnung, nach Einführung des Euro und der damit einhergehenden Entstehung des zweitgrößten Aktienmarktes der Welt könnten sich der DAX sowie der Euro Stoxx 50 ein Stück weit von der Wall Street emanzipieren, hat sich nicht erfüllt. Die Europäer hängen weiterhin gleichsam am Rockzipfel der US-Börsen.

Was Wunder also, dass die Entwicklung des Dow Jones Industrial Average, wie der wichtigste Wall-Street-Indikator mit vollständigem Namen heißt, an allen Börsenplätzen der Welt mit größter Aufmerksamkeit verfolgt wird. Und das, obgleich dieser Index nicht unumstritten ist, wie wir gleich sehen werden.

Aus der Taufe gehoben wurde der Dow Jones Industrial Average (oder kurz DJIA) bereits 1884 vom Verlagshaus Dow Jones & Co., in dem unter anderem das Wall Street Journal erscheint. Ähnlich wie beim DAX, sind im Dow Jones 30 Aktiengesellschaften vertreten. Dabei handelt es sich teils um Industrie-, teils um Dienstleistungsunternehmen. Diese geringe Marktbreite ist einer der Kritikpunkte, denen der Index ausgesetzt ist. Und in der Tat muss es schon sonderbar anmuten, wenn nur 30 Blue Chips letztlich erheblichen Einfluss auf das Börsengeschehen in aller Welt haben. Wenn Sie sich allerdings die Liste der im Dow Jones enthaltenen Unternehmen anschauen, stellen Sie fest, dass es sich dabei nun wirklich um die größten Konzerne der Welt handelt, die global tätig sind und teilweise das meiste Geld nicht auf dem amerikanischen Heimatmarkt, sondern im Ausland verdienen.

So sehr der Dow Jones dem DAX auch ähneln mag, in einer Hinsicht gibt es dennoch einen gravierenden Unterschied: Im deutschen Börsenbarometer werden – wie an anderer Stelle bereits erwähnt – die enthaltenen Werte entsprechend ihrer Börsenkapitalisierung gewichtet. Anders beim Dow Jones. In ihm bestimmt ausschließlich der Kurs einer Aktie deren Gewichtung im Index. Je höher der Kurs, desto höher der relative Anteil des Papiers. Wenn mithin der Dow Jones bei 11 500 Punkten notiert, so entspricht dies dem arithmetischen Mittelwert der Aktienkurs-Entwicklung der im Index enthaltenen Unternehmen. Auch dieses Verfahren wird immer wieder kritisiert.

Neben dem Dow Jones Industrial Average gibt es noch weitere Indizes aus der DJ-Familie. Dazu gehört zum Beispiel der Dow Jones Transportation Average (DJ-Transport), in dem 20 Aktien von amerikanischen Transportunternehmen enthalten sind. Der Dow Jones Utility Average (DJ-Versorgung) umfasst 15 Aktien von US-Unternehmen aus der Versorgungsbranche.

UNSER PRAXISTIPP

Die aktuellen Kurse der im Dow Jones enthaltenen Werte finden Sie beim Börsensender n-tv auf der Videotafel 310 sowie im Internet zum Beispiel unter www.ls-d.de (Lang & Schwarz).

Investieren in Titan-Werte

Im Zeitalter der Globalisierung gewinnen die internationalen Blue Chips – also die Aktien der so genannten Global Players – immer mehr an Bedeutung. Die größten unter ihnen sind im Dow Jones Global Titans zusammengefasst. In diesem erst 1999 aufgelegten Index ist mithin gleichsam die weltweite Unternehmenselite versammelt. Deutsche Aktiengesellschaften bringen es dabei auf ein Gewicht von fast sechs Prozent. Als deutsche Titanen gelten etwa Allianz, Deutsche Telekom, DaimlerChrysler und Siemens. Den größten Anteil stellen die Amerikaner mit 29 Unternehmen. Allein Microsoft hat ein Gewicht von über acht Prozent. Zu den weiteren Titanen gehören zum Beispiel der Handy-Hersteller Nokia, der japanische Elektronikriese Sony und die britische Vodafone. Letztere avancierte übrigens erst mit der Übernahme von Mannesmann zum Titanen. Die Zusammensetzung dieses Index wird einmal jährlich überprüft.

Börsenprofis gehen davon aus, dass sich eine Anlage in die künftigen Titan-Fonds und -Zertifikate lohnen dürfte (siehe Kapitel „Alternativen zur Direktinvestition in Blue Chips"). Schließlich sind die „Titanen" eine weltweite Auswahl von Blue Chips, die als relativ sichere Anlage betrachtet werden können. Tatsächlich legte der Titan-Index in den ersten Monaten nach seiner Einführung eine wirklich beachtliche Performance an den Tag. Die Internet- und Technologie-Euphorie Anfang des Jahres 2000 jedoch drängte das Interesse an den internationalen Blue Chips vorübergehend etwas in den Hintergrund. Die Investoren interessierten sich mehr für kleinere Internet-Start-ups, die größeres Kurspotenzial verhießen. Seit den ersten „Dot.com"-Pleiten freilich sind die im Titan-Index enthaltenen Werte wieder gefragt.

Im Dow Jones enthaltene Blue Chips	
3 M	IBM
Alcoa	International Papers
American Express	Intel
AT & T	J.P. Morgan
Boeing	Johnson & Johnson
Catterpillar	McDonald's
Citigroup	Merck & Co.
Coca-Cola	Microsoft
Dupont	Philipp Morris
Eastman Kodak	Procter & Gamble
Exxon-Mobil	SBC
General Electric	United Technology
General Motors	Wal-Mart
Hewlett-Packard	Walt Disney
Honeywell	

Stand: Herbst 2000

Die „breitere“ Alternative: Der S & P-Index

Er ist breiter und aussagekräftiger als der Dow-Jones-Index – und spielt dennoch nur die zweite Geige: Im Standard & Poor's-Index (kurz S & P-Index) sind mit 500 Aktien nicht nur wesentlich mehr Werte vertreten als im Dow, auch der Branchenmix erscheint repräsentativer. In ihm sind Industrieunternehmen ebenso enthalten wie Versorgungs-, Finanz- und Transportgesellschaften. Der Schwerpunkt liegt indessen auf Industriewerten. Der S & P-100-Index ist gleichsam die Blue-Chip-Variante. Er umfasst 100 ausgesuchte Werte aus dem Korb der im „großen S & P“ enthaltenen 500 Papiere.

Neben der größeren Marktbreite liegt der zweite Vorteil des S & P in der unterschiedlichen Gewichtung der einzelnen Aktien, wobei – wie beim DAX – die Börsenkapitalisierung des entsprechenden Unternehmens als entscheidendes Kriterium gilt. Der S & P-Index wird während der Handelszeiten an der New Yorker Börse jede Sekunde aktualisiert. Der S & P-Future – ein Terminkontrakt auf diesen Index (siehe Seite 74 ff.) gilt als vorbörslicher Indikator für den erwarteten Handelsstart der Wall Street. Befindet sich der S & P-Future im Minus, ist die Wahrscheinlichkeit groß, dass der amerikanische Markt mit negativen Vorzeichen eröffnet, weshalb auch die europäischen Händler die Entwicklung dieses Index-Futures genau im Auge behalten.

Aus der Taufe gehoben wurde der S & P-Index von der New Yorker Agentur Standard & Poor's Anfang der Zwanzigerjahre des zwanzigsten Jahrhunderts.

UNSER PRAXISTIPP

Die Kursentwicklung der 100 im S & P-Index enthaltenen Blue Chips können Sie im n-tv-Videotext auf den Tafeln 311 und 312 abrufen.

Die Indizes der Wachstumsmärkte

Der Nemax 50

Blue Chips gibt es nicht nur in der so genannten „Old Economy", also in den eher traditionellen Branchen, wie sie sich vor allem im DAX oder im Dow Jones wiederfinden. Auch manche junge Wachstumsunternehmen weisen durchaus bereits „Blue-Chip"-Qualitäten auf. Denken Sie zum Beispiel an Werte des Neuen Marktes wie Aixtron, Singulus, Consors oder Comdirect, um nur einige Beispiele zu nennen. Auch für diese Werte gibt es mit dem Neuen-Markt-Index „Nemax 50" einen Blue-Chip-Index.

Der Nemax 50, der im Juli 1999 aufgelegt wurde, umfasst 50 Spitzentitel des Neuen Marktes, während der Nemax-All-Shares alle Werte dieses Börsensegments einschließt. Die Basis für beide Indizes ist der 30. Dezember 1997 mit einem Wert von 1000. Auf dieser Grundlage stieg der Nemax 50 bis zum 1. Juli 1999 bereits um 330 Prozent.

Im Jahr darauf jedoch, als die ersten, kurze Zeit zuvor noch hoch gelobten „Dot.com“-Unternehmen Pleite gingen und „Todeslisten“ kursierten, welkte freilich so mancher schöne Blütentraum. Zwischen Frühjahr und Herbst 2000 musste der Nemax 50 kräftig Federn lassen. Und wie es mit dem Neuen-Markt-Index weitergeht, ist nicht vorauszusagen.

Im Nemax 50 enthaltene Aktien	
ADVA	Intertainment
Aixtron	Ixos Software
Balda	Kinowelt
BB Biotech	Kontron Emb. Comp.
Biodata	Medion
Broadvision	MobilCom
Brokat	Pandatel
Carrier 1	Pfeiffer Vacuum
Ce Consumer Electronic	Pixelpark
Comdirect	Primacom
Consors	Qiagen
Constantin Film	Ricardo.de
D. Logistics	SCM Mecrosystems
Direkt Anlage Bank	Senator Film
Edel Music	SER Systeme
EM.TV & Merch.	Singulus
Evotec	Steag Hamatech
Fantastic Corp.	T-Online
Gauss Interprise	TelDaFax
Heyde	Telegate
Highlight Com.	Teleplan Int.
IDS Scheer	Teles
IM International Media	Thiel Logistic
Infomatec	Trintech
Intershop	United Internet

Stand: Herbst 2000

Und dennoch: Der Nemax 50 stößt bei institutionellen und privaten Anlegern auf großes Interesse, da solche herausgehobenen Werte meist als etwas sicherer gewertet werden. Eine Rechnung, die indessen nicht immer aufgeht. So sind in diesem Index Aktien enthalten, die im Jahr 2000 innerhalb weniger Monate massiv nachgaben (zum Beispiel die Aktien von Infomatec und TelDaFax).

Die 50 Top-Titel des Neuen Marktes werden nach den Kriterien Marktkapitalisierung und Börsenumsatz selektiert. Der Index spiegelt etwa 80 Prozent der Marktkapitalisierung und des Börsenumsatzes am Neuen Markt wider. Seine Zusammensetzung wird halbjährlich überprüft.

Der Nasdaq-Composite-Index

Als die amerikanische Computerbörse Nasdaq entstand, wusste niemand etwas mit dem Begriff „Internet" anzufangen. Selbst der breite Einsatz von Faxgeräten klang damals noch wie Zukunftsmusik. Immerhin nahm das neue Börsensegment bereits am 8. Februar 1971 den Handel auf. So manches Vorstandsmitglied von jungen Hightech- oder Internet-Unternehmen war damals noch gar nicht auf der Welt.

Nasdaq steht für „National Association of Securities Dealers Automates Quotation". Letztlich wurde dieses elektronische Kursinformations- und Handelssystem seinerzeit aus der Taufe gehoben, um Ordnung in den bisweilen obskuren OTC-Handel (OTC = Over the Counter) zu bringen. Darunter sind Aktiengeschäfte zu verstehen, die nicht über die Börse abgewickelt werden und mithin keiner Aufsicht unterliegen. OTC-Geschäfte sorgten auch in den USA immer wieder für handfeste Skandale, sodass sich letztlich sogar die Politik mit diesem Problem auseinandersetzen musste. Anfang der Sechzigerjahre gab der US-Kongress bei der amerikanischen Börsenaufsichtsbehörde eine Studie in Auftrag, die klären sollte, wie der OTC-Handel besser zu kontrollieren und nachvollziehbarer zu gestalten sei. Die Antwort bestand darin, alle OTC-Geschäfte künftig automatisiert abzuwickeln und damit die Transparenz in diesem Bereich wesentlich zu erhöhen. Diese Idee sollte sich gleichsam als Keimzelle für die Computerbörse Nasdaq erweisen.

Der Erfolg dieses Wachstumssegments der amerikanischen Börse ist unübersehbar: In den vergangenen Jahren hat der Nasdaq-Index deutlich zugelegt – oftmals stärker als der Dow Jones. Und allein zwischen 1987 und 1997 hat sich das Volumen der an der US-Computerbörse gehandelten Aktien verdreifacht.

Was ursprünglich als Instrument gedacht war, um das ausufernde OTC-Geschäft zu kanalisieren, trug wesentlich zum amerikanischen Wirtschaftswunder der Neunzigerjahre bei. Kein Geringerer als Bill Gates brachte sein Unternehmen an die Nasdaq, um mit dem Verkauf von Microsoft-Aktien das Wachstum seiner expandierenden Garagenfirma zu finanzieren. Später kamen weitere große Blue Chips an die Nasdaq wie beispielsweise Intel, Apple oder Yahoo!

Ähnlich wie der Neue Markt zeichnete sich auch die Nasdaq in den ersten Jahren durch eine überdurchschnittliche Volatilität aus. Am 19. und 20. Oktober 1987, als rund um den Globus die Aktienmärkte zusammenbrachen, sackte der Nasdaq-Composite-Index um sage und schreibe fast 21 Prozent ab. Wer 15 000 US-Dollar in diesen Index investiert hatte, verlor innerhalb von nur 48 Stunden etwa ein durchschnittliches Monatsgehalt. Freilich musste er sich mit diesem Gedanken nicht lange quälen, denn bereits am 21. Oktober kam es zu einer technischen Gegenreaktion mit dem Ergebnis, dass fast ein Drittel der Verluste der beiden Vortage wettgemacht werden konnte.

Anleger, die sich für die an der Nasdaq notierten Aktien interessieren, erhalten wichtige Informationen unter der Internet-Adresse www.nasdaq.com. Über 15 Millionen User wählen täglich diese Website an – und es werden täglich mehr.

GUT ZU WISSEN

Neuer Markt hängt am Nasdaq

Die Entwicklung an der Nasdaq ist für den Anleger auch dann interessant, wenn er nicht an der amerikanischen, sondern an der deutschen Wachstumsbörse investieren möchte. Denn unverkennbar besteht eine enge Korrelation zwischen der Performance der Nasdaq und des Neuen Marktes. Im Klartext: Stürzt der Nasdaq-

Composite-Index am Abend in den USA in die Tiefe, spricht viel dafür, dass ihm der Nemax am Tag darauf folgen dürfte.

Der Nasdaq-Composite-Index umfasst rund 3000 Werte, die über das Nasdaq-Computersystem gehandelt werden. Ausschlaggebend für die Auswahl ist dabei die Börsenkapitalisierung. Der Index startete am 5. Februar 1971 mit einer Punktzahl von 100. Im Nasdaq 100 sind – wie der Name schon vermuten lässt – die 100 stärksten Werte dieser Wachstumsbörse vertreten.

Ausgesuchte Blue Chips aus dem Nasdaq-100-Index	
At Home Corp.	Lycos Inc.
BroadVision	Microsoft
Cisco	Novell
Dell Computer Corp.	VoiceStream
eBay Inc.	WorldCom
Intel Corp.	Yahoo!

Die wichtigsten asiatischen Indizes

Trotz der erheblichen Volatilität, die in den vergangenen Jahren die asiatischen Märkte prägte, sollte der international ausgerichtete Anleger auch ausgesuchte Blue Chips aus Fernost in sein Depot legen, falls er nicht gleich Anteile an einem entsprechenden Fonds ersteht, was in der Regel sicherer und einfacher ist. Denn welcher Privatanleger traut sich schon zu, zum Beispiel japanische Aktien realistisch zu bewerten? Wer seine Risiken begrenzen möchte, sollte auch hier der Blue-Chip-Strategie folgen, also in Aktien investieren, die in den großen Börsenindizes der betreffenden Länder enthalten sind. Dennoch: Gerade das Auf und Ab an der Tokioter Börse während der letzten Jahre machte deutlich, dass man sich bei einem Engagement in Fernost auf ein volatileres Umfeld einstellen muss als in Westeuropa oder in den USA. Schauen wir uns die wichtigsten asiatischen Blue-Chip-Indizes etwas genauer an:

Der Nikkei-Index

Der älteste (Erstveröffentlichung 1949) und bekannteste japanische Aktienindex wird von der Finanzzeitung Nihon Keizai Shimbun ermittelt und gibt die durchschnittliche Entwicklung der 225 in der Ersten Sektion der Börse Tokio gehandelten Aktien wieder. Die Erste Sektion gleicht dem Amtlichen Handel an der Frankfurter Wertpapierbörse. Der Nikkei entspricht dem arithmetischen Mittel der ungewichteten Börsenkurse und wird im Minuten-Rhythmus aktualisiert. Die Aussagekraft des Nikkei ist nach Ansicht von Experten aufgrund der mangelnden Gewichtung der Börsenkurse eher gering. Dennoch handelt es sich um einen wichtigen Index.

Der Topix

Dabei handelt es sich um den marktbreiteren und somit aussagekräftigeren japanischen Aktienindex. Er wurde im Juli 1969 ins Leben gerufen. Sein Kürzel steht für „Tokio Stock Price Index". In ihm sind alle in der Ersten Sektion der Tokioter Börse gelisteten Werte enthalten. Die in ihm enthaltenen Unternehmen werden dabei nach ihrer Börsenkapitalisierung gewichtet.

AUSGESUCHTE JAPANISCHE BLUE CHIPS AUS DEM TOPIX	
Bank of Tokyo – Mitsubishi	NTT DoCoMo
Canon	Ricoh
Casio Computer	Sanyo Electric
Daihatsu Motor	Sega Enterprise
Fujitsu	Seven-Eleven
Hitachi	Sharp
Honda	Softbank
Japan Airlines	Sumitono Bank
Mazda Motor	Suzuki Motor
Mitsubishi	Takeda Chem.
NEC	TDK
Nintendo	Toshiba
Nissan Motor	Toyota Motor

Der Hang-Seng-Index

Berechnet von der Hang Seng Index Services Ltd., umfasst dieser Aktienindex 35 große Werte, die an der Börse in Hongkong gelistet sind. Die ausgewählten Aktien machen dabei etwa drei Viertel der gesamten Börsenkapitalisierung aus. Nach dem Nikkei gehört der Hang Seng zu den wichtigsten Indizes in Fernost.

Ausgesuchte Blue Chips aus dem Hang Seng (Hongkong)	
Cathay Pacific	Hutchison Whampoa
Cheung Kong	Pacific Century Cyberworks
Hang Seng Bank	Swire Pacific
Hongkong Land	Wharf Holdings
HSBC Holdings	Yanzhou Coal

Straits Time Industrials

Der Aktienindex der Börse Singapur beruht auf 30 Blue Chips, darunter sowohl Papiere von Industrie- als auch von Dienstleistungsunternehmen wie Banken. Der Straits Time Industrials wird von der Wirtschaftszeitung Straits Time ermittelt.

Ausgesuchte Aktien der Börse Singapur	
Creative Technology	Singapore Airlines
Dev. Bank of Singapore	Singapore Telecom
Flextronics	United Overseas Bank
Pacific Internet	Want Want

Alternativen zur Direktinvestition in Blue Chips

Auch als Blue-Chip-Investor müssen Sie Ihr Risiko streuen. Es wäre fahrlässig, alles auf eine Karte zu setzen, selbst wenn hinter der betreffenden Aktie ein renommiertes internationales Unternehmen steht. Selbst die Aufteilung Ihres Kapitals auf zwei oder drei Werte ermöglicht noch keine hinreichende Risikostreuung. André Kostolany wurde einmal gefragt, weshalb er so viele Aktien in seinem Depot habe. Seine frappierende Antwort: „Weil ich keiner einzigen traue." Jeder Anleger, der in Einzelwerte investiert, weiß, dass es kaum Börsentage gibt, an denen wirklich alle Titel steigen. Selbst bei einer guten Performance der Märkte dürften Sie mit großer Wahrscheinlichkeit den einen oder anderen Ausreißer finden.

Schließlich sollten Sie auch dies bedenken: Eine sinnvolle Risikostreuung erreichen Sie mit Einzelwerten erst ab einem höheren Einsatz. Experten gehen davon aus, dass Sie mindestens 20 000 bis 25 000 Euro auf verschiedene Aktien aufteilen müssen, um einen ausreichenden Diversifikationsgrad zu erzielen. Wer weniger Geld anlegen möchte oder nicht die Zeit findet, die Aktienmärkte ständig genau zu verfolgen, um im Fall der Fälle schnell umschichten zu können, sollte sich auch als Blue-Chip-Investor für Investmentfonds oder Zertifikate entscheiden. Welche Möglichkeiten es gibt und auf was Sie achten sollten, erfahren Sie auf den folgenden Seiten.

Im Übrigen können Sie von Blue Chips auch dann profitieren, wenn Sie weder Einzelwerte noch Fondsanteile oder Zertifikate besitzen. Mit einer Investition in entsprechende Optionsscheine vervielfachen Sie Ihre Renditechancen. Gleichzeitig gehen Sie aber ein deutlich höheres Risiko ein. Auch mit diesem Thema werden wir uns daher in diesem Kapitel befassen.

Gestreutes Risiko durch Investmentfonds

Fonds sind wahre Investment-Knüller, was ein Blick auf die Marktentwicklung beeindruckend beweist. Vor zehn Jahren gab es in Deutschland eben gerade 321 Publikumsfonds – also Produkte, die sich an den privaten Investor richten. Bis zum Jahr 2000 stieg diese Zahl auf fast 4000. Dabei ist die Idee, Kapital zu sammeln und dann professionell anzulegen, keineswegs neu. Schon im 19. Jahrhundert wurden die ersten Fonds initiiert.

Das Grundprinzip von Investmentfonds ist einfach: Statt Wertpapiere oder Immobilien direkt zu kaufen, zahlt der Anleger in einen Topf. Und da es ihm zahlreiche andere Investoren gleichtun, kommt schnell eine beträchtliche Summe zusammen. Der Fondsmanager entscheidet nun, wie das gesammelte Kapital angelegt wird. Dabei muss er sich am Anlageschwerpunkt des Fonds orientieren. Handelt es sich zum Beispiel um einen europäischen Aktienfonds, darf er nur interessante Aktien aus Europa kaufen. Der Kunde wiederum erhält – entsprechend der investierten Summe – Anteilscheine an dem betreffenden Fonds. Steigen die Kurse der im Fonds enthaltenen Werte, darf sich der Anleger die Hände reiben. Denn natürlich steigt gleichzeitig der Wert seiner Anteile. Die wiederum kann er börsentäglich verkaufen und dadurch jederzeit seine Gewinne mitnehmen.

Die Fondskonstruktion ist für unterschiedliche Vermögenswerte gleichermaßen geeignet. Also nicht nur für Aktien, sondern zum Beispiel auch für Anleihen (Renten), Geldmarktpapiere und Immobilien. Die Präferenzen der Anleger sind dabei eindeutig: Im Jahr 1999 flossen in Deutschland 65 Milliarden Mark in Aktienfonds, 14,6 Milliarden in Immobilienfonds und nur 7,4 Milliarden Mark in Rentenfonds.

Die Vorteile eines Fonds gibt es indessen nicht zum Nulltarif. Kosten entstehen dem Kunden sowohl beim Kauf der Fondsanteile als auch während der Laufzeit der Geldanlage. Wer in einen Fonds investiert, muss einen einmaligen Ausgabeaufschlag entrichten. Das heißt konkret: Er zahlt für einen Fondsanteil mehr, als dieser zum Zeitpunkt des Kaufs eigentlich wert ist. Bei Aktienfonds liegt dieser Aufschlag in der Regel bei fünf Prozent. Bei vielen Direktbanken und Direkt-Brokern zahlen

Sie jedoch einen geringeren oder gar keinen Aufschlag. In einem freundlichen Börsenumfeld ist der Anleger jedoch trotz des Aufschlags sehr schnell in der Gewinnzone. Sogar die meist etwas konservativeren deutschen Aktienfonds brachten es Ende der Neunzigerjahre auf eine Wertsteigerung von jährlich durchschnittlich 35,6 Prozent. Doch selbst bei einer schlechteren Performance ist der Ausgabeaufschlag rasch „verschmerzt". Je länger der Anleger seine Fondsanteile behält, desto weniger fällt der einmalige Zuschlag ins Gewicht.

Für die laufende Verwaltung des Fonds berechnet die Investmentgesellschaft eine Vergütung, die dem Fondsvermögen entnommen wird und in der Regel zwischen 0,5 und 1,5 Prozent pro Jahr ausmacht. Schließlich entstehen noch Kosten für die Depotbank, die das Geld der Anleger verwahrt, und für das Anlagekonto des Investors.

Somit erscheint die Frage berechtigt, ob es für den Anleger nicht günstiger ist, statt Anteile an einem Fonds gleich Einzelwerte zu kaufen, also ganz bestimmte Aktien oder Anleihen. Zwar zahlt er auch in diesem Fall die Transaktionskosten der Bank sowie die laufenden Depotgebühren für die Verwahrung der Wertpapiere. Ausgabeaufschläge aber werden nicht fällig. Das klingt verführerisch, erweist sich in der Praxis aber als gefährlich. Wer bei der Geldanlage am falschen Ende spart, geht ein hohes Risiko ein. Wenn an den Börsen Champagnerlaune herrscht, wenn die Kurse explodieren und Miesmacher nicht gefragt sind, kann der Anleger mit dem Kauf von Einzelwerten nicht viel falsch machen. Doch sobald die Märkte korrigieren und die Kurse in den Keller rutschen, ist es vorbei mit der Euphorie. „No-risk-Aktien" gibt es nicht. Gerade die jüngste Vergangenheit hat gezeigt, dass sogar angebliche „Volksaktien" wie die der Deutschen Telekom innerhalb weniger Wochen vorübergehend fast zwei Drittel ihres Wertes verlieren können.

Auch Fonds können die spezifischen Risiken einer Aktienanlage nicht ausschalten, wohl aber deutlich minimieren. Und genau dies ist der entscheidende Vorteil gegenüber einem Investment in Einzelwerten. Zum einen nämlich streut der Fonds das Risiko. Das heißt, der Fondsmanager verteilt das Vermögen auf mehrere Aktien. Um diesen Grad der Diversifikation zu erreichen, müsste ein Anleger, der sich für Einzelwerte entscheidet, schon eine Menge Geld investieren. Denn es macht wenig

Sinn, sich nur sehr geringe Stückzahlen verschiedener Aktien ins Depot zu legen. Bei einem Fonds bringt es jedoch die Masse. Selbst mit kleineren Einzahlungen oder regelmäßigen Sparleistungen profitiert der Investor von der breiten Streuung des Vermögens.

Der zweite Vorteil von Aktienfonds besteht im aktiven Management. Der Fondsmanager verfolgt die internationalen Geld- und Kapitalmärkte mit größter Aufmerksamkeit, erfährt frühzeitig die Einschätzung der Analysten und anderer relevanter Marktteilnehmer und kann somit die Struktur des Fonds innerhalb des vorgegebenen Anlageschwerpunkts rechtzeitig verändern, um auf neue Entwicklungen zu reagieren. Ein weiteres Plus: Der Fondsmanager kennt die jeweiligen Märkte wie seine Westentasche. Der private Anleger indessen wird sich trotz der Möglichkeiten des Internets schwer tun, das tatsächliche Potenzial der einen oder anderen asiatischen Aktie zeitnah und realistisch einzuschätzen. Kurzum: Gerade für ein Engagement auf ausländischen Märkten – im Zeitalter der Globalisierung eigentlich ein „Muss" – sind Aktienfonds hervorragend geeignet.

Auch wenn es eine finanzmathematische Tatsache ist, dass die Risiken eines Aktien- beziehungsweise Aktienfonds-Investments mit zunehmender Anlagedauer deutlich sinken, setzten die sicherheitsorientierten Deutschen in der Vergangenheit vor allem auf Rentenfonds, die in festverzinsliche Wertpapiere investieren. Erst Ende der Neunzigerjahre lösten Aktienfonds die Rentenfonds als größte Fondsgruppe ab.

Rentenfonds waren immer umstritten, zumal dann, wenn in ihnen betont konservative Anleihen enthalten sind, bei denen so gut wie kein Risiko besteht – und für die demzufolge auch kein Risikozuschlag in Form höherer Zinsen gezahlt wird. Auf den Punkt gebracht: Konservative Rentenfonds diversifizieren ein Risiko, das eigentlich gar nicht besteht. Meist fällt die Rendite denn auch so bescheiden aus, dass nach einem Jahr nicht einmal der Ausgabeaufschlag ausgeglichen werden kann. Bessere Renditen lassen sich erzielen, wenn der Anleger Anteile an Fonds kauft, die zum Beispiel auch Anleihen außerhalb des Euro-Raums oder von Unternehmen mit etwas geringerer Bonität enthalten. Geeignet sind Rentenfonds vor allem, wenn dem Substanzerhalt hohe Priorität eingeräumt wird und das Renditedenken nicht im Vordergrund steht – zum Beispiel im Ruhestand, wenn das in den Jahren zuvor über Aktienfonds aufgebaute Vermögen verrentet, sprich in regelmäßigen Raten ausgezahlt werden soll.

Wer jedoch längerfristig disponiert und sich systematisch ein Vermögen aufbauen möchte, kommt an gut gemanagten Aktienfonds nicht vorbei. Sie sind daher wie geschaffen für die private Altersversorgung. Durch Sparpläne kann der Anleger auch mit kleineren monatlichen Beiträgen an den Chancen der Kapitalmärkte teilhaben.

Das am 1. April 1998 in Kraft getretene dritte Finanzmarkt-Förderungsgesetz bescherte den deutschen Anlegern eine Reihe weiterer Fonds-Innovationen, darunter die so genannten AS-Fonds (AS steht für Altersvorsorge-Sondervermögen). Dabei handelt es sich um Fonds-Sparpläne, die eine Mindestlaufzeit von 18 Jahren (alternativ: bis zum 60. Lebensjahr des Kunden) aufweisen. Das Geld der Anleger fließt vorrangig in Aktien und Immobilien. Die Fondsgesellschaft darf maximal 30 Prozent in Immobilien und höchstens 75 Prozent in Aktien anlegen. Die erwirtschafteten Erträge werden nicht ausgeschüttet, sondern wieder angelegt (thesauriert). Da AS-Fonds allerdings auch Anleihen enthalten, sind die Renditechancen geringer als bei einem reinen Aktienfonds. AS-Fonds erscheinen für Kunden geeignet, die es bequem mögen und nicht selbst aktiv werden möchten.

Mischfonds wiederum eröffnen dem Anleger die Chance, innerhalb eines Fonds gleichzeitig in Aktien und Anleihen zu investieren. Als „weder Fisch noch Fleisch“ werden derlei Fonds häufig kritisiert. Mischfonds kommen für Anleger in Betracht, die sich an reine Aktienfonds noch nicht so recht herantrauen und eine eher mittelfristige Anlagedauer von unter fünf Jahren im Blick haben. Bedenken sollte man jedoch, dass aufgrund des Anleihenanteils die steuerliche Belastung der Erträge höher ist als bei einem Aktienfonds, bei dem der Fiskus nur bei den Dividendeneinnahmen beteiligt werden will.

Stärkere Beachtung finden derweil die Dachfonds, die ihr Vermögen in andere offene Fonds investieren. Je nach Profil des Dachfonds fließt das Geld der Anleger zum Beispiel in andere Aktien-, Renten-, Immobilien- oder Mischfonds. Der Vorteil: Die Anlage wird noch stärker gestreut als bei der konventionellen Fondsanlage. Doch genau darin liegt auch der entscheidende Nachteil von Dachfonds: Je stärker Sie diversifizieren, desto geringer wird die Transparenz. Zum „A und O" einer erfolgreichen Fonds-Anlage gehört aber, dass Sie als Anleger zumindest eine grobe Vorstellung davon haben, welche Aktien in Ihrem Fonds enthalten sind.

AUSGESUCHTE BLUE-CHIP-FONDS IM ÜBERBLICK

Name des Fonds	Wertpapier-kenn-Nr.	Fonds-gesellschaft	Ausgabe-aufschlag	Jährliche Gebühren
Baring German Growth Trust	972849	Baring	5,25 %	bis 1,5 %
Nürnberger ADIG A	847122	ADIG	5 %	bis 0,7 %
Invesco GT German Growth	986696	Invesco	5 %	bis 1,5 %
DWS Deutsche Aktien Typ 0	847428	DWS	0	bis 1,3 %
Plusfonds	847108	ADIG	5 %	bis 0,6 %
Veri-Valeur Fonds	976320	Veritas SG	6 %	bis 0,9 %
AC Deutschland	847136	AXA Colonia	4,5 %	bis 0,6 %
Invesco Deutscher Aktienfonds	847031	Invesco	5 %	bis 0,6 %
Victoria Eurokapital	975746	Victoria	5 %	bis 0,55 %
DIT Wachstumsfonds	847516	DIT	3 %	bis 0,5 %

Quelle: Der Fonds, 4/2000

Indexzertifikate: Alles auf eine Karte

Der DAX schlägt vielleicht nicht alle Fonds, aber die meisten. Und auch die anderen großen Aktienindizes sind den professionellen Fondsmanagern in puncto Rendite häufig eine Nasenlänge voraus. Wenn es also den hoch bezahlten Profis nur selten gelingt, mit ihren Aktienfonds dauerhaft bessere Resultate zu erzielen als der Index, liegt es nahe, direkt in das Börsenbarometer zu investieren. Zumal der Anleger den bei Investmentfonds üblichen Ausgabeaufschlag spart. „Die Indexzertifikate haben geradezu einen Siegeszug angetreten", berichtet Martin Weithofer, Leiter für „strukturierte Produkte" bei einer deutschen Großbank.

Für Holger Sahner, Abteilungsleiter Portfoliosteuerung einer genossenschaftlichen Zentralbank, liegen die Vorteile von Zertifikaten auf der Hand: „Ihre transparente Struktur und leicht nachvollziehbaren Merkmale machen sie vor allem auch unter Kostengesichtspunkten für den Anleger zu einer interessanten Ergänzung bei der Vermögensanlage."

Zertifikate an sich mögen in der Tat transparent sein: Der Anleger weiß genau, in welche Titel und mit welcher Gewichtung er investiert. Das Angebot an Zertifikaten sowie die Vielzahl von Begriffen freilich tragen nicht eben zur Klarheit bei. Mal ist von Zertifikaten, mal von Partizipationsscheinen, mal von Discount-Zertifikaten und mal von „Baskets" die Rede. Und welcher Anleger, der nicht über vertiefte Kenntnisse das Fachchinesisch der Banker betreffend verfügt, vermag schon Plain-Vanilla-Zertifikate von „strukturierten Produkten" zu unterscheiden?

Rechtlich betrachtet handelt es sich bei Zertifikaten um Schuldverschreibungen. Im Klartext: Der Anleger gibt der Bank, die das entsprechende Zertifikat auflegt, ein Darlehen, das zu einem vorab festgelegten Termin zurückgezahlt wird. Das Besondere dabei ist, dass die Bank als Emittentin des Wertpapiers die Rückzahlungssumme von der Kursentwicklung eines Basiswertes abhängig macht. Das kann entweder eine einzelne Aktie, ein Aktienkorb oder eben ein Aktienindex wie der DAX oder der Nemax sein. Was wie ein Detail anmutet, ist tatsächlich ein wichtiger Unterschied gegenüber Fonds. Entscheidet sich der Anleger für ein Zertifikat, macht er die Bank zu seinem Schuldner. Kauft er Anteile an einem Fonds, wird er Mitinhaber am Fondsvermögen.

Wie jeder Gläubiger, muss auch der Käufer eines Zertifikats mit dem Bonitätsrisiko seines Schuldners leben. Konkret: Geht der Emittent eines solchen Wertpapiers Pleite, hat der Anleger schlechte Karten. Gleichwohl handelt es sich dabei um ein rein theoretisches Risiko, denn die meisten Emittenten von Zertifikaten gehören zu den ersten Adressen der internationalen Bankenlandschaft.

Schwerer wiegt da schon die begrenzte Laufzeit von Zertifikaten. Der Emittent legt von vornherein fest, wann die Wertpapiere zur Zahlung fällig sind. Hat der zugrunde gelegte Index oder der Aktienkorb („Basket“) in den zurückliegenden Jahren eine ordentliche Performance geschafft, darf sich der Anleger freuen. Bestimmen hingegen die Bären das Börsenklima, fällt die Rendite des Investors nicht ganz so rosig aus. Die meisten Banken bieten ihren Kunden jedoch „Anschlusslösungen“. Das heißt, am Ende der Laufzeit wird das Geld zum Beispiel in ein neu aufgelegtes Indexzertifikat investiert. Auf jeden Fall sollte der Anleger bei seiner Bank nachfragen, welche Optionen am Ende der Laufzeit möglich sind.

Wer nicht solange warten möchte, kann seine Zertifikate auch börsentäglich über seine Bank oder seinen Online-Broker verkaufen. Zertifikate werden genauso gehandelt wie Aktien. Sie werden also fortlaufend quotiert, sodass man sie täglich kaufen und verkaufen kann.

Auch wenn im Gegensatz zu Fonds beim Kauf von Zertifikaten keine üppigen Ausgabeaufschläge anfallen, bedeutet das nicht, dass der Anleger zum Nulltarif zugreifen könnte. Der Gewinn der Bank liegt im so genannten Spread, also in der Differenz zwischen Geld- und Briefkurs. Wenn zum Beispiel die Commerzbank ein Zertifikat auflegt, bietet sie dieses Papier während der gesamten Laufzeit zum Kauf an – und verlangt dafür den Geldkurs. Gleichzeitig ist das Institut bereit, eigene Papiere jederzeit zurückzunehmen, allerdings nur zum niedrigeren Briefkurs. Die Festlegung von Geld- und Briefkursen heißt im Fachjargon Quotierung.

Neben der Differenz zwischen Geld- und Briefkurs zahlt der Investor eine von der Höhe des Anlagebetrags abhängige Maklercourtage. Alles in allem müssen Sie als Kunde mit Kosten in Höhe von etwa einem Prozent des Betrages rechnen, den Sie anlegen möchten. Beim Verkauf Ihrer Zertifikate werden Sie erneut zur Kasse gebeten. Trotzdem bleiben Zertifikate damit günstiger als Fonds, für die neben dem Ausgabeaufschlag von 2,5 bis 5 Prozent zusätzlich eine jährliche Managementgebühr zu berappen ist. Allerdings verlangen auch manche Emittenten von Zertifikaten ein Verwaltungsentgelt.

Wenn Sie sich Zertifikate in Ihr Depot legen möchten, haben Sie die Qual der Wahl. Am bekanntesten sind die Indexzertifikate. Mit diesen Wertpapieren investiert der Anleger direkt in die Messlatte. Das Zertifikat folgt genau der Kursentwicklung des zugrunde liegenden Index, zum Beispiel dem DAX oder dem Nemax. Steigt der DAX also um 500 Punkte, erhöht sich der Wert des Zertifikats um 500 Euro (in der Praxis wird aber ein Bezugsverhältnis festgelegt, das heißt, der Index wird etwa im Verhältnis 1:10 abgebildet, was die Papiere preiswerter macht). Indexzertifikate sind damit Index-Fonds sehr ähnlich, haben jedoch – wie bereits gesagt – als Schuldverschreibung einen anderen rechtlichen Charakter.

Anleger, die sich für ein Indexzertifikat entscheiden, investieren in einen bunten Branchen-Mix: Old und New Economy, Telekommunikation und Chemie, Handel und Versicherungen, Airlines und Autohersteller,Versorger und Stahlkonzerne. Eine Alternative besteht darin, Branchen-Indexzertifikate zu kaufen. Diese Wertpapiere lauten dann auf Indizes, in denen zum Beispiel nur Chemie- oder Technologiewerte zusammengefasst sind. Nachteil: Sie als Anleger haben keine breite Risikostreuung über verschiedene Branchen.

Großer Beliebtheit bei den Anlegern erfreuen sich schließlich Zertifikate, die auf Aktienkörben beruhen. Welche Werte in diese Körbe aufgenommen werden, entscheidet der Emittent, sprich die Bank. So brachte etwa die GZ-Bank – also die Zentralbank der südwestdeutschen Volks- und Raiffeisenbanken – in den vergangenen Jahren Internet- und IT-Aktienkorbzertifikate auf den Markt. Kauft ein Anleger solche Papiere, so ist seine Performance natürlich von dem Geschick der Bank bei der Auswahl der betreffenden Aktien abhängig.

Die Experten der GZ-Bank setzen bei der Selektion der Aktien auf Markt-, Technologie- und Innovationsführerschaft. „Wir verzichten ganz bewusst auf sehr junge, gering kapitalisierte Werte aus der zweiten und dritten Reihe“, beschreibt Experte Holger Sahner die Auswahlstrategie. Denn diese Unternehmen könnten sich im Ausleseprozess unter den IT- und Internet-Werten nicht dauerhaft durchsetzen. Sahner: „Letztlich fehlt es bei diesen Firmen in der Regel an Profitabilität.“

Im GlobalTechnoStars-Zertifikat der GZ-Bank ist zum Beispiel die gesamte Wertschöpfungskette der IT-Branche vertreten: von Halbleiter-Werten, Hard- und Software-Aktien bis hin zu Papieren von Kommunikationsausrüstern und IT-Service-Unternehmen.

Im Gegensatz zu aktiv gemanagten Investmentfonds wird in Aktienkörben selten umgeschichtet. Lediglich alle sechs Monate nehmen die Experten des Emittenten die im Korb enthaltenen Werte unter die Lupe, um sie gegebenenfalls gegen attraktivere Aktien zu tauschen.

„Eine solch disziplinierte Anlagestrategie vermeidet, dass kurzfristige Ereignisse in den Mittelpunkt der Anlageentscheidung rücken und zu emotionalen Fehlern bei der Aktienanlage führen“, erläutert Holger Sahner. Mit anderen Worten: Wenn etwa die Kurse von Internet-Werten mal wieder in den Keller rauschen, behalten die Emittenten von Zertifikaten einen kühlen Kopf und hoffen auf baldige Besserung. Für den Anleger bedeutet dies, dass er beim Kauf von Zertifikaten auf der Basis von Aktienkörben langfristig disponieren sollte. Für Zocker-Naturen sind diese Wertpapiere nicht geeignet. Andererseits verringert die professionelle Auswahl der in den Körben vertretenen Aktien das Risiko gerade bei Technologie- und Internetaktien, deren angemessene Bewertung angesichts des heftig umkämpften Marktsegments für den privaten Anleger fast schon zum Glücksfall wird.

Reine Zertifikate, deren Gewinnpotenzial nicht beschränkt ist, heißen im Fachjargon Plain-Vanilla-Produkte. Im Gegensatz dazu stehen die Exoten oder „strukturierten Produkte“. Diese weisen häufig einen so genannten Cap auf. Steigt der Kurs über diese Obergrenze, geht der Anleger leer aus. Sein Gewinn ist bis zur Höhe des Caps limitiert. Zu diesen Exoten zählen zum Beispiel Discount-Zertifikate, die sich meist nur auf eine einzelne Aktie beziehen. Für dieses Papier zahlt der Anleger weniger als beim Kauf der betreffenden Aktie (daher „Discount“). Die Kehrseite: Der Investor profitiert nur bis zum vereinbarten Cap von den Kurssteigerungen des Papiers.

Ein Schattendasein führen in Deutschland derzeit noch die Indexaktien. Dabei handelt es sich um börsennotierte Indexfonds. Normalerweise kaufen Anleger ihre Anteile bei der Fondsgesellschaft, die diese später auch wieder zurücknimmt. Nachteil: Das Fondsunternehmen muss stets genug Geld flüssig haben, um den Rückkauf der Anteile sichern zu können. Geld, das nicht lukrativ angelegt werden kann. Bei börsengehandelten Fondsanteilen indessen wechseln die Anteile sozusagen von einem Anleger zum nächsten. Die Fondsgesellschaft bleibt außen vor.

Im Handelssegment XTF (Exchange Traded Funds) der Deutschen Börse sind derzeit erst drei Indexaktien notiert, die allesamt von der US-Investmentbank Merrill Lynch aufgelegt wurden. Ob Indexaktien jemals so populär werden wie Indexzertifikate, bleibt abzuwarten. Das Produkt gilt als relativ schwierig für private Investoren.

Günstiger nehmen sich da allemal die Zukunftsperspektiven für Zertifikate aus: „Sie sind bereits heute als alternative Anlageform fest etabliert“, meint Martin Weithofer.

GUT ZU WISSEN

Die Vor- und Nachteile von (Index-)Zertifikaten

- \+ **Kostengünstig, da ohne Ausgabeaufschlag**
- \+ **Weitgehende Transparenz der enthaltenen Werte**
- \+ **Index oft mit besserer Performance als Fonds**
- \+ **Nur steuerfreie Kursgewinne (keine steuerpflichtigen Dividenden oder Zinsen)**
- \+ **Täglich zu kaufen und zu verkaufen**

- – **Begrenzte Laufzeit**
- – **Bonitätsrisiko**
- – **Keine Risikominimierung durch aktives Fondsmanagement**

Optionen auf Blue Chips

Nicht nur mit Blue-Chip-Aktien können Sie Ihr Vermögen vermehren, noch schneller gehts mit Optionsscheinen und Optionen. Vorausgesetzt, Sie haben starke Nerven und etwas Glück. Denn eines sei vorab festgestellt: Wer sich an die so genannten „Derivate" herantraut, muss Bereitschaft zum Risiko mitbringen. Denn hohen Gewinnchancen stehen ebenso hohe Verlustgefahren gegenüber. Doch der Reihe nach. Schauen wir zunächst, wie Optionsscheine (im Insider-Jargon häufig auch O-Scheine genannt) eigentlich funktionieren und welche spezifischen Gefahren sie bergen.

Derivate (also „abgeleitete") Finanzprodukte – und das sind Optionsscheine und Optionen – erscheinen recht ambivalent. Dem einen Anleger dienen sie als Risikopapier mit hohen Renditechancen, dem anderen als willkommene Möglichkeit, Wagnisse durch Wertpapier-Engagements zu reduzieren. Aktienbestände zum Beispiel lassen sich durch den Aufbau von Gegenpositionen in Form von Optionen absichern – „hedgen", wie es in der Banker- und Brokersprache heißt. Fällt der Kurs der Aktie, kann der Verlust zumindest teilweise durch die Gewinne entsprechender Verkaufsoptionen (Puts) wieder ausgeglichen werden.

Die Hohe Schule des Hedging indessen interessiert Einsteiger allenfalls am Rande. Durch den Kauf von Optionen oder Optionsscheinen wollen sie direkt verdienen. Das ist legitim. Manche aber haben keine oder nur vage Vorstellungen davon, in welche Produkte sie investieren. Worin unterscheiden sich zum Beispiel Optionen von Optionsscheinen konkret? Welches sind die Vorteile gegenüber Futures?

Optionen und Optionsscheine sind mit einem überdurchschnittlichen Risiko verbunden. Dennoch sind sie nicht ganz so gefährlich wie Futures, denn die Option räumt dem Inhaber das Recht ein, einen bestimmten Basiswert (zum Beispiel eine Blue-Chip-Aktie) zu einem bestimmten Preis innerhalb einer festgelegten Zeitspanne zu kaufen (Call-Option) oder zu verkaufen (Put-Option). Lohnt sich die Ausübung der Option nicht, weil der vereinbarte Basispreis über dem aktuellen Kurs eines Wertpapiers beziehungsweise im Fall eines Puts darunter liegt, verliert der Anleger lediglich seine Optionsprämie. Das kann zwar auch ins

Geld gehen, dennoch ist das Risiko bei Futures ungleich größer. Denn wer einen solchen Kontrakt abschließt, muss zum vereinbarten Termin kaufen oder verkaufen – ob er will oder nicht. Bei Futures handelt es sich also um feste Kontrakte, bei Optionen lediglich um Rechte.

Optionsscheine unterscheiden sich von Optionen vor allem in zwei Punkten. Zum einen hinsichtlich der Laufzeit: Die Option bringt es in der Regel nur auf wenige Monate. Die Laufzeit von Optionsscheinen kann dagegen zwischen zwei und vier Jahren liegen. Der zweite Unterschied: Optionsscheine werden – wie der Name schon sagt – als „Scheine" (Zertifikate) ausgegeben. Das Optionsrecht wird dadurch verbrieft, was letztlich allerdings keinen qualitativen Vorteil gegenüber einer Option darstellt.

Das Optionsgeschäft funktioniert nach den Gesetzen des Marktes. Das setzt voraus, dass sowohl Käufer als auch Verkäufer bereitstehen. Wer eine Call-Option erwirbt, erwartet, dass ihm am Tag X der Verkäufer der Option die begehrten Wertpapiere zu dem vereinbarten Preis liefert. Inhaber von Put-Optionen vertrauen dagegen darauf, dass ihnen zu einem bestimmten Termin die Papiere zu dem im Voraus fixierten Preis abgekauft werden. Die Marktpartner heißen Stillhalter und verdienen an der vom Käufer zu zahlenden Optionsprämie – und daran, dass viele Optionen nicht ausgeübt werden. Der Optionskäufer muss in diesem Fall die gezahlte Prämie abschreiben, der Stillhalter hingegen hat ein Geschäft gemacht.

Viele Optionen lauten derweil nicht auf einzelne Aktien, sondern zum Beispiel auf Blue-Chip-Indizes. Da künstliche Produkte wie der DAX oder der Dow Jones nicht wie Aktien geliefert oder bezogen werden können, wickeln die Partner bei einer Optionsausübung ihr Geschäft durch Barausgleich (Cash Settlement) ab. Das heißt, der Optionsscheininhaber erhält vom Stillhalter die Differenz zwischen dem vereinbarten Preis und dem aktuellen Marktpreis des Basisprodukts, sprich dem Stand des entsprechenden Index.

Grundsätzlich müssen Sie als Anleger vier Varianten von Optionsgeschäften unterscheiden: Wer sich für einen Call (eine Kaufoption) entscheidet, erwirbt damit das Recht, einen bestimmten Basiswert zu einem festgelegten Preis zu beziehen (Long Call). Wer hingegen einen

Call verkauft, steht in der Pflicht, den Basiswert zu dem vereinbarten Preis zu liefern (Short Call). Gleiches gilt für Puts. Wer eine solche Verkaufsoption erwirbt, sichert sich das Recht, den Basiswert zu einem festgelegten Preis zu verkaufen (Long Put). Der Verkäufer einer solchen Option (Short Put) ist verpflichtet, den Basiswert abzunehmen.

Welche Faktoren bestimmen nun aber den Kurs einer Option? Ein wesentliches und auch für Einsteiger leicht nachvollziehbares Bewertungskriterium stellt der innere Wert einer Option beziehungsweise eines Optionsscheins dar. Dies ist die Differenz zwischen dem aktuellen Kurs des zugrunde gelegten Produkts – zum Beispiel der Aktie – und dem abgezinsten Basiswert.

Ein Beispiel: Angenommen, Sie kaufen eine Call-Option auf die Aktie von Infineon. Sie erwerben damit das Recht, das Wertpapier innerhalb eines bestimmten Zeitraums zum Preis von 72 Euro zu kaufen. Der aktuelle Kurs der Aktie liegt bei 80 Euro. Der innere Wert entspräche in diesem Fall acht Euro. Diesen Betrag könnten Sie bei Ausübung der Option jedoch nicht in vollem Umfang als Gewinn verbuchen, denn Sie müssen eine Optionsprämie und Transaktionskosten an Ihre Bank zahlen. Auch der Zinsfaktor spielt eine wichtige Rolle, denn wer sich zum Beispiel für einen Aktien-Call entscheidet, sichert sich Wertpapiere zu einem bestimmten Preis, zahlt aber mit der Optionsprämie nur einen Bruchteil dessen, was die Aktie kosten würde. Das heißt, er bindet sein Kapital nur in geringem Umfang und kann den großen Rest verzinst anlegen. Gegenüber dem direkten Kauf von Aktien realisiert er also einen Zinsvorteil. Der Stillhalter bindet hingegen Kapital, da er die Aktien kaufen muss – zumindest theoretisch. In Zeiten hoher Zinsen steigen mithin die Optionspreise.

Liegt der aktuelle Kurs des Basisprodukts bei einem Call über dem Basiswert beziehungsweise bei einem Put darunter, so besitzt der Optionsschein einen inneren Wert. Er ist damit „im Geld" („in the money"). Sind Basispreis und Kurs weitgehend identisch, hat der Optionsschein keinen inneren Wert und ist „am Geld" („at the money"). Liegt der aktuelle Kurs des Basiswertes bei einem Call unter beziehungsweise bei einem Put über dem Basispreis, so ist der Optionsschein „aus dem Geld" („out of the money"). Auch dann verfügt er über keinen inneren Wert.

Optionsscheine ohne inneren Wert müssen nicht uninteressant sein, denn die Käufer von Puts und Calls setzen auf den Faktor Zeit. Je länger die Laufzeit, desto größer die Wahrscheinlichkeit, dass sich der Kurs des Basiswertes verändert. Im günstigen Fall kann der Optionsschein „ins Geld" laufen. Wie stark dieser Zeitwert einer Option zu Buche schlägt, hängt auch von der Schwankungsintensität (Volatilität) des Basisproduktes ab.

Unser Praxistipp

Bei einem Blue Chip ist – wie an anderer Stelle bereits erwähnt – die Volatilität meist geringer als bei einer am Neuen Markt gelisteten Aktie. Das heißt für Sie als Anleger: Wenn Sie Optionsscheine auf Blue Chips kaufen (zum Beispiel DAX-Titel), sollten Sie auf eine möglichst lange Laufzeit achten, da die Auf- und Abschwünge bei diesen Werten eher gering ausfallen. Es braucht also länger, bis zum Beispiel eine DAX-Aktie „ins Geld" läuft.

Nun gibt es schließlich noch den viel zitierten „Hebel" einer Option. Er gibt Aufschluss über das Verhältnis von jenem Geldbetrag, der zum Kauf des entsprechenden Basiswertes aufgewendet werden musste, zu dem für den Kauf des Optionsscheins erforderlichen Kapital. Je größer der Hebel, desto besser. Dann nämlich können Sie mit geringstmöglichen Mitteln ein Maximum verdienen.

Auch hierzu ein vereinfachtes Beispiel: Ihr Kollege kauft eine Blue-Chip-Aktie für 100 Euro. Deren Kurs steigt auf 130 Euro. Grund zur Freude. Sie aber haben sich für 100 Euro Call-Optionsscheine auf die gleiche Aktie zugelegt. Angenommen, die Optionsprämie hätte zehn Euro ausgemacht, so hätten Sie zehn Scheine bekommen. Sie hätten dadurch nicht nur einmal 30 Euro verdient wie Ihr Kollege, sondern 10 mal 30 Euro, denn Sie bekämen für jeden Optionsschein eine Aktie im Wert von 130 Euro. In diesem Fall läge der Hebel beim Faktor zehn.

Wie eingangs bereits erwähnt, können Sie Ihre Aktien mit Verkaufsoptionen absichern. Hierzu kaufen Sie eine Put-Option. Fällt die betreffende Aktie unter den vereinbarten Basispreis, üben Sie die Option aus. Das heißt, der Stillhalter muss Ihnen die Aktie zum festgelegten Preis abkaufen, ganz gleich, wie tief der Kurs auch gefallen ist. Steigt der Kurs allerdings, dann wird Ihre Put-Option wertlos, denn Sie verkaufen ja nicht unter dem aktuellen Kursniveau. In diesem Fall müssen Sie Ihre Optionsprämie abschreiben. Denn die ist sozusagen Ihr Versicherungsbeitrag gegen einen Aktien-Crash. Tritt der Versicherungsfall nicht ein, haben Sie die Prämie vergeblich investiert.

GUT ZU WISSEN

Worauf Einsteiger achten sollten

- **Auch Optionsscheine auf Blue Chips bergen erhebliche Risiken. Investieren Sie maximal zehn Prozent Ihres Depotvolumens in Derivatprodukte.**
- **Meiden Sie als Einsteiger Exoten-Papiere, deren Konstruktion Sie nicht verstehen.**
- **Kaufen Sie nur Optionen/Optionsscheine auf Anlageinstrumente, bei denen Sie sich auskennen (zum Beispiel Blue Chips aus dem DAX oder dem Euro-Stoxx-50-Index).**
- **Finger weg von Optionsscheinen mit kurzer Laufzeit.**
- **Spekulationsfrist beachten: Kursgewinne dürfen Sie erst nach zwölf Monaten steuerfrei vereinnahmen (Freigrenze: 500 Euro pro Jahr).**

Strategisch günstig einsteigen

Panikwellen überfluteten am Nachmittag des 9. Mai 1901 den amerikanischen Aktienmarkt. Mit blankem Entsetzen verfolgten die Marktteilnehmer, wie die Kurse innerhalb kurzer Zeit im freien Fall nach unten stürzten. „Am Börsenparkett war jegliche Vernunft der Angst gewichen", notierte der angesehene Börsenexperte Bernard Baruch damals. Und er wusste, was zu tun war: Er nutzte die Gunst der Stunde und kaufte Spitzenaktien zu Schnäppchenpreisen. Chancen und Risiken als zwei Seiten derselben Medaille – an diesem Charakteristikum der Börse hat sich auch nach hundert Jahren nichts geändert.

Tatsächlich bieten sich nach einer kräftigen Korrektur oder gar nach einem Crash häufig sehr günstige Einstiegskurse, ja geradezu Schnäppchen-Preise. Das gilt vor allem bei Blue Chips, da die hinter diesen Aktien stehenden Unternehmen mit sehr großer Sicherheit auch die heftigsten Börsenturbulenzen überstehen werden. Vielleicht erinnern Sie sich noch an den unruhigen Herbst 1998, als die Weltwirtschaft infolge der Finanzkrisen in Russland und Asien selbst nach Ansicht ansonsten eher nüchtern formulierender Zeitgenossen vor einem globalen Kollaps stand. In einer solchen Situation rauschen natürlich alle Aktien weltweit in den Keller. Besonders betroffen waren damals aber die Finanzwerte. Die Papiere von Deutscher Bank, Dresdner Bank, HypoVereinsbank und Commerzbank büßten kräftig ein, obwohl niemand ernsthaft glaubte, dass diese Geldhäuser ernsthaft in Gefahr geraten könnten. Vielmehr war es die absolut negative Stimmungslage, die zu diesem Kurssturz beigetragen hatte. Auch bei anderen europäischen oder amerikanischen Banken sah es nicht viel besser aus – im Gegenteil.

Die Aktie der Commerzbank zum Beispiel, die noch in der ersten Jahreshälfte 1998 bei rund 34 Euro notiert hatte (rund 68 Mark), stürzte bis auf etwa 19 Euro ab. Dies war ein absolutes Kaufsignal. Auch die

Blue Chips von Deutscher und Dresdner Bank konnte der beherzte Investor zu Schlussverkaufspreisen erwerben. Wie zu hören war, haben vor allem die Mitarbeiter der betreffenden Banken die Gunst der Stunde genutzt und in großem Umfang die Papiere ihrer Arbeitgeber gekauft. Bis Mitte 2000 durften sie sich über Zuwächse von hundert Prozent und mehr freuen.

Von Trendfollowern und Antizyklikern

Sieht man von den kurzfristigen Zockern und Daytradern einmal ab, lassen sich zwei Gruppen von Aktienanlegern unterscheiden: auf der einen Seite die Trendfollower, auf der anderen Seite die Antizykliker. Man kann sicher darüber streiten, welche Strategie nun die erfolgversprechendere ist, denn letztlich lässt sich mit etwas Glück mit beiden Methoden Geld verdienen. Dennoch raten wir bei Blue Chips zu einem antizyklischen Verhalten.

Doch klären wir zunächst die Begriffe: Der Trendfollower folgt – wie der Name schon sagt – einem stark ausgeprägten Börsentrend. Stellt er zum Beispiel fest, dass Hightech-Aktien wie Siemens oder Epcos über Tage oder gar Wochen hinweg stark ansteigen, springt er sozusagen auf den fahrenden Zug auf, um von dieser Entwicklung zu profitieren. Der Trendfollower weiß natürlich, dass er eigentlich schon zu spät kommt und viel Kurspotenzial in den aktuellen Preisen bereits verarbeitet wurde, doch er denkt: besser zu spät als nie.

Mitunter erweist sich diese Strategie als durchaus erfolgreich. Wer gegen Ende des Jahres 1999 etwa Aktien der Deutschen Telekom für 70 oder 80 Euro einkaufte, hatte bis März 2000 zwischen 25 und 35 Euro verdient. Keine schlechte Performance. Nur musste der Anleger rechtzeitig wieder aussteigen, denn nach einem Höhepunkt von etwa 104 Euro ging es mit der T-Aktie dramatisch nach unten. Wer zögerte, weil er auf einen weiteren Kursanstieg setzte, rutschte innerhalb von wenigen Wochen in die Verlustzone. Gleiches gilt für all diejenigen Trendfollower, die erst einstiegen, als der Kurs der T-Aktie bei 95 oder gar 100 Euro notierte.

Unser Praxistipp

Jeder Trend – und sei er noch so ausgeprägt – geht einmal zu Ende. Und je länger es dauert, bis überproportional stark gestiegene Aktienkurse wieder auf ein angemessenes Niveau zurückgehen, desto schmerzhafter fällt die Konsolidierung aus. Denken Sie immer an das Bild vom Förster mit seinem Dackel. Der Hund – übermütig beim Waldspaziergang mit seinem Herrn – rennt oft Hunderte von Metern davon, um dann dieselbe Strecke wieder zurückzulaufen. Je weiter der Dackel sich entfernt, desto mehr Kondition kostet es ihn, den Rückweg anzutreten. Das Tröstliche dabei: Da auch der Förster – wenngleich sehr viel gemächlicher als sein Vierbeiner – seines Weges geht, bewegen sich beide nach vorn. Irgendwann erreichen beide ihr Ziel. Der Dackel abgekämpft, der Förster entspannt.

Die große Gefahr des Trendfollowers liegt also darin, dass er nicht weiß, ob der Zug unter Volldampf weiterfährt und den Kurs der Aktie nach oben zieht, oder aber ob der Zug unversehens eine Vollbremsung unternimmt und es in der Konsequenz drunter und drüber geht. Letztlich kann Ihnen die Entscheidung, ob Sie auf den fahrenden Zug noch aufspringen sollen oder nicht, niemand abnehmen. Auch der erfahrenste Börsenguru nicht. Zaudern Sie, werden Sie sich vielleicht im Nachhinein ärgern, weil Sie Gewinnchancen verpasst haben. Dennoch ist unser Rat klar und eindeutig: Als vorsichtiger Investor sollten Sie keine Aktien kaufen, die innerhalb weniger Wochen sehr stark gestiegen sind. Natürlich besteht immer noch die Möglichkeit, dass der Aufwärtstrend anhält und Sie Kursgewinne realisieren können. Doch die Gefahr eines Rückschlags ist überproportional hoch.

GUT ZU WISSEN

Höchst- und Tiefststände

Im Kursteil der Tageszeitungen oder auch in den einschlägigen Fachmagazinen können Sie die Höchst- und Tiefststände der von Ihnen favorisierten Aktien feststellen (meist auf der Basis von 52 Wochen). Nähert sich der Kurs den Höchstständen oder liegt er sogar deutlich darüber, sollten Sie vorsichtig sein. In vielen Fällen ist das Kurspotenzial in dieser Phase bereits ausgereizt und die Korrektur nur noch eine Frage der Zeit.

Ist der Kurs eines Blue Chips sehr stark gestiegen und gehen Analysten von einer weiteren positiven Entwicklung des Wertes aus, so sollten Sie nicht euphorisch zugreifen, sondern in aller Ruhe warten, bis der Kurs auf ein günstigeres Einstiegsniveau zurückfällt. Zu solchen technischen Gegenreaktionen kommt es auch bei einem nachhaltig aufwärts gerichten Kurs immer mal wieder. Sei es, weil der Gesamtmarkt nachgibt, sei es als Folge von Gewinnmitnahmen, wenn also Anleger den Titel verkaufen, um Kasse zu machen. In der Chartanalyse spricht man in diesem Zusammenhang von Bewegungen innerhalb eines „Trendkanals" (wir werden uns später noch eingehender mit diesem Thema befassen). Das heißt: Der Kurs einer Aktie geht nicht geradewegs nach oben – sozusagen wie mit dem Lineal gezogen –, vielmehr kommt es immer wieder zu leichteren Ausbrüchen nach oben und unten. Verbindet man die Höchst- und Tiefststände, so ergibt sich eine Bandbreite, innerhalb der sich die Kursbewegungen der Aktie vollziehen – eben ein Kanal. Zeigt dieser beständig nach oben, so ist dies ein gutes Zeichen. Wird der Kanal nach unten durchbrochen, sollten Sie sich mit einem Investment unbedingt zurückhalten und die weitere Entwicklung abwarten.

Kommen wir nun zu den so genannten Antizyklikern. Diese Anlegergruppe widersetzt sich bewusst dem an der Börse vielfach zu beobachtenden Lemminge-Verhalten, das heißt, sie folgt der Masse nicht blindlings in eine bestimmte Richtung, sondern tut bewusst das Gegenteil. Sie investiert mithin antizyklisch und damit eigentlich börsenuntypisch.

Charles H. Dow, dem wir zumindest zur Hälfte den Namen des bekannten amerikanischen Aktienindex verdanken, stellte nach langjährigen Beobachtungen fest, dass die scheinbar so unberechenbare Börse tatsächlich doch immer wieder demselben Verhaltensmuster folgt:

- In der ersten Phase verkaufen die Profis ihre Aktien an die Dummen, die an eine Hausse ohne Ende glauben.
- In der zweiten Periode werden die Käufer rar, da auch die Trendfollower allmählich „kalte Füße" bekommen. Somit fallen die Kurse.
- In der Endphase beginnen die Panikverkäufe. Nun steigen die Profis allmählich wieder ein und kaufen, was die Dummen zu wahren Schleuderpreisen verscherbelt haben.

Die Erkenntnis von Mister Dow ist ein eindeutiges Urteil über Trendfollower und Antizykliker. Denn nach dem von ihm beschriebenen Szenario sind diejenigen, die blind einem Trend nachlaufen, „die Dummen", und jene, die sich antizyklisch verhalten und kaufen, wenn alle anderen panisch verkaufen, die eigentlichen Profis.

In der Tat steckt in den pointierten Ausführungen von Mister Dow sehr viel Wahrheit und Börsenweisheit. Jeder Kaufmann weiß: Der Gewinn beginnt beim Einkauf. An den Kapitalmärkten ist es nicht anders. Wenn Sie eine Aktie kaufen, die – aus welchen Gründen auch immer – hochgejubelt wurde, werden Sie am Ende nur das erreichen, was Spötter und Zweifler der Börse schon immer vorwarfen: Man kann an ihr ein kleines Vermögen verdienen, wenn man ein großes Vermögen einsetzt.

Ebenso gefährlich ist es jedoch, unreflektiert in Aktien zu investieren, deren Kurs über zwei, drei Tage kräftig gefallen ist. Nehmen wir den Fall des Mainzers Kurt M., der in der Vergangenheit immer ein glückliches Händchen an der Börse bewiesen hatte. Seine Strategie: Immer schauen, welcher Blue Chip an der Börse gerade „verprügelt" wird, zugreifen und dann auf die baldige Erholung hoffen. Tatsächlich ging diese Strategie häufig auf und der 42-jährige Bauleiter konnte sich von seinen Gewinnen sogar ein neues Fahrzeug der gehobenen Mittelklasse leisten.

Doch dann kam es unversehens zu einem herben Rückschlag. Kurt M., der sich bisher vor allem für Chemie- und Hightech-Aktien interessiert hatte, kaufte im großen Umfang Aktien der ThyssenKrupp AG, nachdem der Kurs dieser Papiere nach Bekanntgabe mäßiger Halbjahreszahlen von über 24 auf unter 20 Euro gefallen war. Eine maßlose Übertreibung der wie üblich hysterischen Börse, fand der Anleger und kaufte in großem Stil ein. Wenige Tage später fiel die Aktie unter 19 Euro. „Jetzt erst recht", dachte sich Kurt M., nahm zum berechtigten Entsetzen seiner Frau einen Kredit auf und kaufte erneut ThyssenKrupp-Papiere. Er spekulierte darauf, zumindest die zweite Tranche schon nach wenigen Tagen mit ordentlichem Gewinn verkaufen zu können. Doch die Rechnung ging nicht auf. Selbst die technische Gegenreaktion, die wenig später erfolgte, führte Kurt M. nicht in die Gewinnzone. In den folgenden Wochen fiel die Aktie auf wenig mehr als 16 Euro. Kurt M. saß unversehens auf rund 10 000 Euro Verlust – und musste obendrein noch Zinsen für seinen Kredit zahlen. An den großen Gewinn glaubte er nicht mehr. Er wäre schon froh gewesen, die Papiere zum Einstandspreis wieder verkaufen zu können. Als dann der Kurs etwas anstieg, trennte sich Kurt M. genervt und bitter enttäuscht von seinen Aktien.

Der Anleger war um 6800 Euro ärmer – aber um eine Erfahrung reicher: Plötzlich wusste er, weshalb eine alte Börsianer-Weisheit ausdrücklich davor warnt, in „fallende Messer" zu greifen. Schließlich kann niemand wissen, wie tief das „Messer" noch fällt. Beenden wir unsere Fallstudie mit einer Analyse dessen, was der bis dahin so erfolgreiche Anleger falsch gemacht hatte:

- Er kaufte überstürzt, wartete nicht auf eine halbwegs verlässliche Bodenbildung des Kurses und griff deshalb in ein „fallendes Messer".
- Berauscht von den Erfolgen der Vergangenheit investierte Kurt M. zu viel Geld in einen Einzeltitel. Faustregel: Der vorsichtige Anleger sollte maximal drei bis fünf Prozent seines Vermögens in Aktien eines Unternehmens investieren.
- Als der Kurs weiter fiel, versuchte Kurt M., durch Nachkauf seinen Durchschnittspreis, bezogen auf den Gesamtbestand an ThyssenKrupp-Aktien, künstlich zu reduzieren.
- Der Anleger spekulierte auf Kredit und begab sich damit auf spiegelglattes Parkett, auf dem schon erfahrene Profis ausgerutscht sind.

- Am Ende fehlten die Nervenstärke und die Finanzkraft, um die Krise auszusitzen und auf eine Kurserholung zu hoffen, die mit Sicherheit früher oder später eingetreten wäre.

Schnäppchen oder Ladenhüter?

Sie sehen also, nicht jede Aktie, die billig ist, darf auch als preiswert und kaufenswert gelten. Es genügt nicht, die in den großen Aktienindizes enthaltenen Werte zu beobachten und sofort zuzugreifen, wenn ein Papier unter die Räder gekommen ist. Denn die Blue-Chip-Strategie wird nur aufgehen, wenn Sie *Qualität* zu einem günstigen Preis kaufen. Eine Aktie, die niemand haben will, weil das dahinter stehende Unternehmen über die nächsten Jahre hinweg weder Gewinne noch Kursfantasie erwarten lässt, ist selbst dann noch zu teuer, wenn sich der Kurs halbiert hat. Man kann sich des Eindrucks also nicht erwehren: An der Börse geht es mitunter tatsächlich zu wie beim Sommer- oder Winterschlussverkauf. Wer die Augen offen hält und auf Qualität achtet, kann günstig einkaufen. Wer hingegen nur auf den niedrigen Preis schielt, kauft billige Ramschware, an der er keine Freude hat.

Häufig sind es nur kurzfristige Sonderfaktoren – vielfach sogar rein psychologischer Natur –, die einen Kurs in den Keller schicken. Ein Beispiel: Im Sommer 2000 gab die Bayerische HypoVereinsbank die Übernahme der Bank Austria bekannt. Konkret bedeutete dies, dass die Aktionäre des österreichischen Geldinstituts ihre Anteilsscheine gegen Aktien der HypoVereinsbank tauschen mussten. Kein schlechtes Geschäft, denn die Papiere der Österreicher waren günstiger als die der HypoVereinsbank. So konnte es nicht überraschen, dass am Tag der Bekanntgabe der Fusion der Kurs der HypoVereinsbank-Aktie über sechs Prozent nachgab, obwohl die Übernahme von den Analysten in seltener Einigkeit begrüßt wurde. Was war geschehen? Manche Aktionäre hatten die Gunst der Stunde genutzt und ihre HypoVereinsbank-Aktien verkauft. Mit diesem Geld stiegen sie bei der Bank Austria ein. Auf diese Weise sicherten sie sich das Recht, später wieder günstig an die Aktien der künftigen Muttergesellschaft zu kommen, weil – wie gesagt – die Bank-

Austria-Aktionäre ihre Papiere in HypoVereinsbank-Aktien tauschen mussten.

Dieses so genannte Arbitrage-Geschäft (= Ausnutzung von Kursunterschieden) drückte natürlich den Aktienkurs der Bayern-Banker. Aber nur kurzfristig, denn in den darauf folgenden Tagen setzte sich wieder die positive Einschätzung der Zukunftsaussichten als Folge dieser Fusion durch – und der Kurs stieg.

Sonderfaktoren wie dieser können Ihnen also kurzfristig zu günstigen Einstiegspreisen und durchaus zu schnellen Gewinnen verhelfen. Dies setzt freilich voraus, dass Sie die Aktienmärkte täglich verfolgen und möglichst schnell reagieren können, zum Beispiel als Kunde eines Online-Brokers.

UNSER PRAXISTIPP

Wer auf Schnäppchenjagd gehen möchte, braucht Geld zum Einkaufen. Im Klartext: Sie sollten immer ausreichend liquide sein, um im Fall der Fälle schnell zugreifen zu können. Auch für Blue-Chip-Investoren gilt daher: Etwa zehn Prozent Ihres Vermögens sollten Sie als Cash-Bestand bereit halten. Am besten, Sie wählen dafür ein verzinstes Tagesgeldkonto. Bei den Direktbanken und Online-Brokern sind solche Konten als Transaktionsplattform für Wertpapiergeschäfte ohnehin obligatorisch.

Grundsätzlich haben Sie mehrere Möglichkeiten, kurzfristig zu recherchieren, ob der Kursrutsch einer Blue-Chip-Aktie fundamental gerechtfertigt ist oder ob es sich lediglich um einen vorübergehenden Einbruch handelt, der auf ein schwieriges Börsenumfeld (zum Beispiel anstehende Zinserhöhungen) oder auf die Überbewertung negativer Nachrichten zurückzuführen ist.

Die Fülle von Informationsquellen – sowohl im Fernsehen und im Internet als auch in gedruckter Form – erleichtert Ihnen diese Analyse ungemein. Bei der Suche nach den gewünschten Informationen erweist sich das FALKEN Taschenbuch 60620 „Gewinnen mit Finanznachrichten“ als nützlicher Kompass.

Aktien-Kurzanalyse in zwei Schritten

Wie ist das aktuelle Börsenklima zu beurteilen?
Selbst der qualitativ hochwertigste Blue Chip wird Federn lassen müssen, wenn das Börsenklima getrübt ist. Solche Phasen sind an den Finanzmärkten keine Seltenheit. Im ersten Halbjahr 1999 zum Beispiel zeigte sich der DAX ausgesprochen lustlos. Die Werte tendierten auf niedrigem Niveau seitwärts. Auch der Herbst 2000 ließ die Börsianer-Herzen kaum höher schlagen. Die ernüchternde Feststellung, dass auch „Dot.com"-Unternehmen nur mit Wasser kochen – sprich: irgendwann Gewinne machen müssen, um nicht Pleite zu gehen – und die mit der Stetigkeit einer tibetanischen Gebetsmühle beschworenen Zinsängste verhinderten damals eine Rallye an den europäischen Börsen.

In solchen Phasen der Lustlosigkeit bieten sich häufig sehr gute Einstiegskurse. Denn die Stimmung der Marktteilnehmer mag ja schlecht sein, die Bilanzen der Unternehmen sind es deshalb noch lange nicht. Und schließlich ist es eine alte Börsenweisheit, dass dann, wenn Pessimismus und Lethargie den Markt bestimmen, der optimale Zeitpunkt zum Einsteigen gekommen ist. Umgekehrt gilt: Überschäumender Optimismus – wie zuletzt Anfang des Jahres 2000 – ist ein Signal zum Aussteigen.

Wie stellt sich die Branche dar?
Auch die Vorlieben der Anleger unterliegen modischen Zyklen. Was heute der „letzte Schrei" ist, kann morgen schon als absolut „out" gelten. Werden heute die Werte der so genannten New Economy hochgejubelt, schätzt man morgen wieder die gediegenen Titel der bewährten Old Economy. Gilt eine Branche als wenig attraktiv – egal, ob aus fundamental gerechtfertigten oder nur aus „modischen" Gründen –, bleiben auch die Kurse der betreffenden Aktien im Keller. Ein Beispiel dafür liefert das Papier der Bayer AG. Obwohl der Leverkusener Pharma- und Chemie-Konzern nach Ansicht der meisten Analysten und Finanzjournalisten auf den internationalen Märkten glänzend positioniert ist und das Unternehmen gut verdient, dümpelte der Aktienkurs lange vor sich hin. Wenn es mal eine Bewegung gab, dann nach unten. Viele funda-

mental orientierte Blue-Chip-Investoren rauften sich die Haare. Was war der Grund für diese Kurs-Lethargie? Diese Frage stellte auch eine Finanzjournalistin. Die Antwort der Analystin war banal: „Chemie-Aktien sind eben nicht sexy." Aha, so genau wollten wir es eigentlich gar nicht wissen ...

Doch im Ernst: Wenn Sie in einen günstig bewerteten Blue Chip investieren, der an der Börse gerade nicht „in" ist, brauchen Sie einen langen Atem. Das mussten in den vergangenen Monaten vor allem die Aktionäre von DaimlerChrysler erfahren. Ein Spitzentitel mit hoher Dividendenrendite und geringem KGV – und trotzdem fasste niemand die Aktie an. Zwar wissen wir, dass jede Mode irgendwann einmal wiederkommt, doch das kann durchaus Jahre dauern. Wer so lange warten möchte, kann sich die aktuellen Ladenhüter durchaus ins Depot holen. Denn die Ladenhüter von heute sind häufig die Renner von morgen. Übrigens: Auch Bayer kam in der zweiten Hälfte des Jahres 2000 zur Freude seiner Aktionäre wieder auf die Beine ...

Das KGV – Kennziffer von beschränktem Wert

Wann immer in den einschlägigen Anlegermagazinen oder im Fernsehen Aktien kritisch unter die Lupe genommen werden, spielt das Kurs-Gewinn-Verhältnis (KGV) als einer der Indikatoren für eine Über- oder Unterbewertung des Papiers eine wichtige Rolle. Auch in den Kurstabellen der großen Tageszeitungen wird das KGV in der Regel angeführt. Dass dieser Kennziffer so viel Aufmerksamkeit zuteil wird, kommt nicht von ungefähr. Schließlich hat der Gewinn eines Unternehmens starken Einfluss auf den Aktienkurs. Zumindest dann, wenn es sich um Papiere der „Old Economy" handelt. Bei den jungen Wachstumswerten der „New Economy" sieht es anders aus. Viele von ihnen schreiben noch rote Zahlen, das heißt, ihr KGV kann gar nicht ermittelt werden, denn dazu bedarf es eines Gewinns pro Aktie. Diese Unternehmen leben von der Fantasie der Anleger. Man investiert in einem frühen Stadium in diese Wachstumswerte und verspricht sich dafür später umso größere Gewinne.

Nicht nur die Situation am Neuen Markt, wo selbst Blue Chips wie zum Beispiel T-Online im Augenblick noch Verluste einfahren, hat die Bedeutung des KGV in den letzten Jahren deutlich relativiert. Immer mehr Anleger erkennen die Schwächen dieser Kennzahl. So bezieht sich das KGV zum Beispiel auf den in zurückliegenden Perioden erwirtschafteten Gewinn. Es sagt mithin nichts über die künftige Entwicklung aus. An der Börse aber werden Geschäfte mit der Zukunft gemacht. Nichts ist langweiliger als die Zahlen von gestern. Nur die Einschätzung, wie sich die Gewinne morgen und übermorgen darstellen könnten, lässt Rückschlüsse auf die vermutliche Kursentwicklung der betreffenden Aktie zu.

Überdies sagt das KGV nichts darüber aus, wie der erwirtschaftete Gewinn verwendet wurde. Floss er in eher fragwürdige Investments oder steckte das Unternehmen das Geld in neue Wachstumsmärkte, um auch künftig überdurchschnittliche Zuwachsraten zu realisieren? Je mehr Geld im Unternehmen bleibt, desto höher ist der innere Wert einer Aktiengesellschaft.

Wenn das KGV überhaupt aussagekräftig ist, dann nur im Vergleich mit anderen Unternehmen derselben Branche. Die KGVs der großen deutschen Automobilhersteller sind eher niedrig, die der Telekommunikationskonzerne eher hoch. Daher lässt sich keine Aussage machen, ab welchem KGV ein Unternehmen fair bewertet erscheint. Wenn Sie zum Beispiel eine VW-Aktie kaufen möchten, vergleichen Sie deren KGV mit denen von DaimlerChrysler und BMW.

Apropos: Im Laufe des Jahres 2000 wies DaimlerChrysler ein nur einstelliges KGV auf. Eigentlich hätten die Anleger angesichts einer so gering bewerteten Aktie sofort in großem Umfang kaufen müssen. Doch sie ließen die Finger davon. Ähnliches war bei ThyssenKrupp zu beobachten. Auch diese Aktie wies phasenweise nur ein einstelliges KGV auf, doch machten die Anleger einen großen Bogen um diesen Wert. Vielleicht haben jene Experten ja doch Recht, die meinen, von Aktien mit einem sehr geringen KGV sollte man generell die Finger lassen. Dahinter steckt offenbar die alte Erkenntnis: Was nichts kostet, ist nichts wert.

Angesichts der unverkennbaren Schwächen des KGV wurden zwischenzeitlich scheinbar verlässlichere Varianten kreiert. So zum Beispiel das KGV auf der Grundlage der erwarteten Gewinne. Doch handelt es sich dabei nolens volens um Schätzungen. Das KGV wird mithin zu einem Prognosewert. Bleibt schließlich noch das dynamische KGV. Es verfolgt die Entwicklung von Gewinn und KGV über eine längere Periode. Auf diese Weise soll verhindert werden, dass lediglich eine Momentaufnahme wiedergegeben wird. Hinsichtlich der künftigen Entwicklung ist aber auch das dynamische KGV von mäßiger Aussagekraft.

UNSER PRAXISTIPP

Wenn Sie feststellen wollen, ob eine Aktie angemessen bewertet ist, dürfen Sie das KGV natürlich nicht außer Acht lassen. Sie sollten es jedoch mit dem anderer Unternehmen derselben Branche sowohl im In- als auch im Ausland vergleichen. Machen Sie aber das KGV niemals zum ausschlaggebenden Kriterium für einen Aktienkauf. Betrachten Sie es lediglich als einen Mosaikstein im Kaleidoskop, als einen Aspekt in Ihrem Entscheidungsraster.

GUT ZU WISSEN

Das Kurs-Gewinn-Verhältnis (KGV)

Das KGV beruht auf einer einfachen Rechnung: Sie dividieren den Gesamtgewinn eines Unternehmens durch die Zahl der im Umlauf befindlichen Aktien. Resultat: der Gewinn pro Aktie. Diesen setzen Sie wiederum in Bezug zum aktuellen Börsenkurs (Börsenkurs geteilt durch Gewinn pro Aktie) und erhalten somit das Kurs-Gewinn-Verhältnis. Ein KGV von 15 drückt zum Beispiel aus, dass der Kurs der Aktie dem 15fachen des Gewinns pro Aktie entspricht.

Das Kurs-Cashflow-Verhältnis

Der Cashflow ist bei der Beurteilung der Finanzkraft eines Unternehmens und somit bei der Bewertung seines Aktienkurses von zentraler Bedeutung. Daher wird häufig das Kurs-Cashflow-Verhältnis (KCV) als Bewertungskriterium herangezogen. Darunter ist der Cashflow pro Aktie im Verhältnis zum aktuellen Kurs des Papiers zu verstehen. Was steckt dahinter? Wie gesagt gibt das KGV keine Auskunft über die Verwendung der Gewinne. Deshalb lässt diese Kennzahl auch keine exakte Einschätzung der Liquiditätslage des Unternehmens zu. Angenommen, die XY AG macht einen Gewinn von 150 Millionen Euro, den sie nach Abzug der Dividendenzahlungen dazu verwendet, einen Mitbewerber aufzukaufen. Das heißt, der Gewinn fließt in ein ganz bestimmtes Projekt und steht dem Unternehmen somit nicht mehr als flüssige Mittel zur Verfügung. Es kann also durchaus passieren, dass ein Unternehmen zwar Gewinne erwirtschaftet, trotzdem aber in einen Liquiditätsengpass gerät.

Das KCV macht daher die liquiden Mittel (denn darum handelt es sich beim Cashflow letztlich) zum Maßstab der Aktienbeurteilung. Die Kennziffer gibt an, zum Wievielfachen der liquiden Mittel je Aktie das Papier an der Börse notiert wird. Üblich ist ein KCV zwischen drei und fünf. Aber ebenso wie das KGV ist auch das KCV mit Vorsicht zu genießen und sollte nie alleiniges Bewertungskriterium sein. Spezifische Bedingungen in einem Unternehmen – zum Beispiel eine hohe Fertigungstiefe – können dazu führen, dass das KCV die Situation in einem anderen Licht darstellt als in einem anderen Unternehmen, für das diese Besonderheiten nicht zutreffen, obwohl es in der Substanz zwischen beiden Firmen keine Unterschiede gibt.

Gut zu wissen

Der Cashflow

Es gibt verschiedene Methoden, den Cashflow zu ermitteln. Wir wollen uns an dieser Stelle mit der einfachen Ermittlungsvariante begnügen:

Jahresüberschuss bzw. Jahresfehlbetrag
+ Abschreibungen auf das Anlagevermögen
+ Erhöhung bzw.
– Auflösung von langfristigen Rückstellungen
= Cashflow

Was Kurven wirklich sagen

Die Frage, ob und wann Sie vermeintlich oder tatsächlich unterbewertete Blue Chips kaufen sollten, können Sie natürlich nicht nur anhand fundamentaler Daten beantworten. Auch ein Blick auf den Chart hilft Ihnen möglicherweise weiter. Drei wesentliche Methoden der Chartanalyse gilt es zu unterscheiden: die Trendlinienmethode, die Kursanalyse auf der Grundlage gleitender Durchschnitte sowie die Analyse von Formationen.

UNSER PRAXISTIPP

Die Kurscharts der betreffenden Aktie über mehrere Betrachtungsperioden können Sie sich bei den meisten Online-Brokern im Internet aufrufen und ausdrucken lassen (zum Beispiel bei www.consors.de).

Nehmen wir uns die einzelnen Analysemethoden etwas genauer vor:

- **Die Trendlinienmethode**
  Verbinden Sie auf Ihrem Kurschart zwei Tiefpunkte miteinander, so entsteht eine Aufwärtstrendlinie. Folgen die Kurse im Großen und Ganzen dieser Linie, dürfen Sie sich freuen, denn in diesem Fall wird der Aufwärtstrend mit einiger Sicherheit weiter anhalten. Der Trend wird erst dann gebrochen, wenn die Kurse die Aufwärtstrendlinie nachhaltig nach unten durchstoßen. Warten Sie in diesem Fall mit dem Kauf ab, bis die Aktie einen Boden gefunden hat, bevor Sie schließlich zugreifen.

Durch die Verbindung von zwei Höchstpunkten entsteht die Abwärtstrendlinie. Solange die Kurse dieser Linie folgen, geht es weiter „Richtung Süden", sprich: die Kurse fallen. Auch in diesem Fall heißt es abwarten, bis sich ein Boden gebildet hat.
Nun steigen oder fallen Aktienkurse bekanntermaßen nicht geradlinig, sondern zum Teil unter erheblichen Schwankungen. Die Aufwärts- oder Abwärtsbewegung vollzieht sich somit in einer Bandbreite. Diese bildet den so genannten Trendkanal. Bricht der Kurs aus diesem Kanal nach oben oder unten aus, ist der Trend gebrochen. Bei einem nach oben gerichteten Ausbruch aus einem Abwärtskanal sollten Sie kaufen, vorausgesetzt freilich, dieser Trend erweist sich als nachhaltig. Bei einem nach unten gerichteten Ausbruch aus einem aufwärts verlaufenden Trendkanal sollten Sie indessen besser auf der Hut sein.
Wichtige Indikatoren, die in den Börsenkommentaren immer wieder erwähnt werden, sind die Unterstützungs- und Widerstandslinien. Unterstützungslinien geben das Kursniveau an, bei dem eine ausreichende Nachfrage zu erwarten ist, die den Kursrückgang stoppt. Werden diese Unterstützungslinien durchbrochen, dann dürfte die Aktie weiter an Wert verlieren. Widerstandslinien markieren hingegen ein Preisniveau, zu dem viele Anleger verkaufen und damit für ein ausreichendes Angebot sorgen, um weitere Kurssteigerungen zu bremsen. Wird eine Widerstandslinie „geknackt", so ist dies ein gutes Zeichen für Sie als Käufer. Freilich sagt das Überwinden einer Widerstandslinie allein nichts darüber aus, ob Sie Ihre Aktie nun überteuert oder zu einem angemessenen Preis kaufen.

Gleitende Durchschnitte (Moving Averages)

Wie die Bezeichnung schon vermuten lässt, handelt es sich dabei um die durchschnittliche Kursentwicklung der Aktie über einen bestimmten Zeitraum. In der Praxis sind Betrachtungszeiträume von 200, 100 sowie 38 Tage üblich. Wenn Sie sich einen Chart ausdrucken lassen, ist der gleitende Durchschnitt in der Regel bereits eingezeichnet (siehe Abbildung auf Seite 94).
Eine Aktie befindet sich im Aufwärtstrend, wenn der aktuelle Kurs über dem gleitenden Durchschnitt liegt. In diesem Fall sollten Sie

kaufen. Weist auch die Durchschnittslinie eine steigende Tendenz auf, so handelt es sich um eine Trendbestätigung. Weitere Kurssteigerungen sind somit sehr wahrscheinlich. Wenig erfreulich erscheint es aus charttechnischer Sicht, wenn die Durchschnittslinie deutlich nach unten durchbrochen wird. Vorsicht: Vielleicht handelt es sich ja um ein „fallendes Messer“. Lehnen Sie sich entspannt zurück und warten Sie die weitere Entwicklung ab, bevor Sie beherzt zu Schnäppchenpreisen zugreifen.

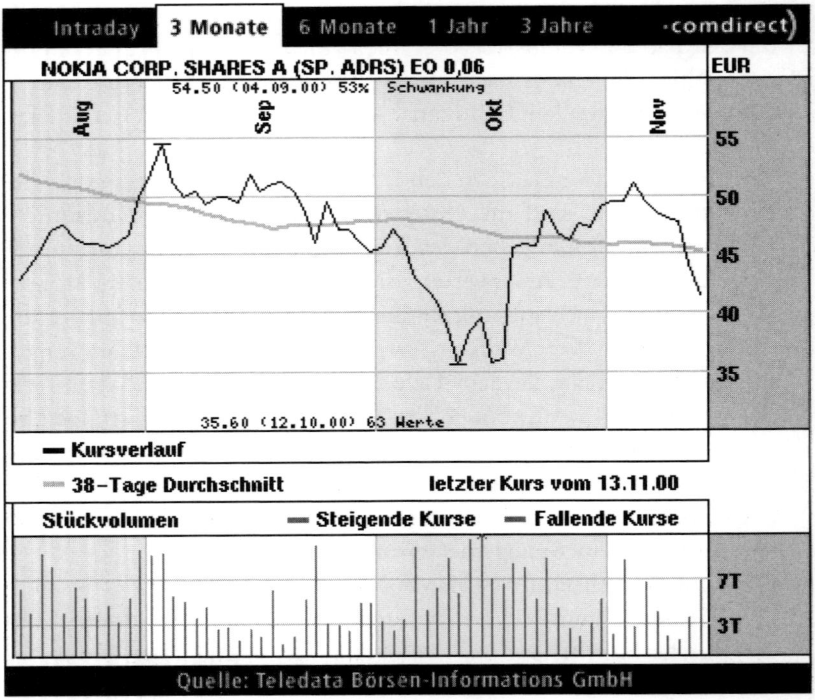

Beispiel „Gleitender Durchschnitt“ (Moving Average) *Quelle: Eig. Recherche*

Die fett gedruckte Linie zeigt den 38-Tage-Durchschnitt der Nokia-Aktie an.

- **Formationsanalyse**
  Oft entstehen aus dem Kursverlauf einer Aktie Formationen, die – mit viel Fantasie betrachtet – an bestimmte Bilder erinnern. Charttechniker sprechen dann zum Beispiel von Wimpel-Formationen, Kopf-Schulter-Formationen oder Flaggenbildungen. Die wichtigsten Formationen und die von ihnen ausgehenden Signale an die Anleger haben wir nachfolgend zusammengestellt:

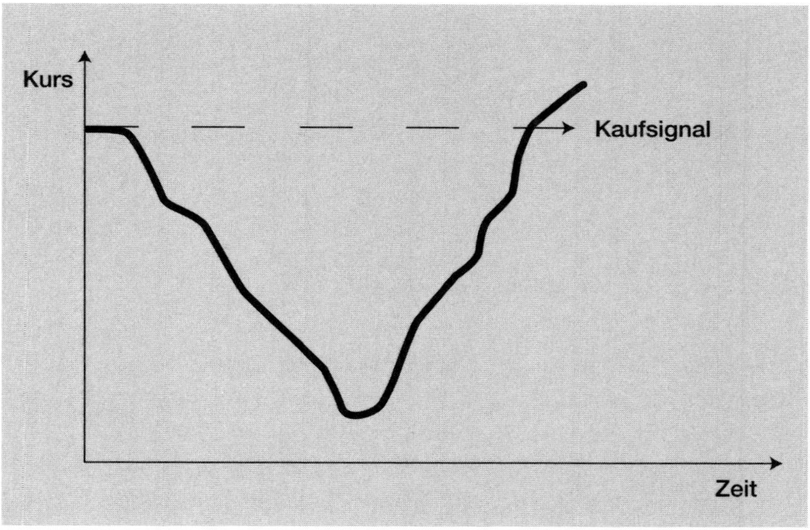

V-Formation: **Die V-Formation gibt ein *Kaufsignal*, wenn die aufwärts gerichtete Linie das Kursniveau durchbricht, auf dem der Abwärtstrend begonnen hat.**

Quelle: Geldanlage und Finanzierung, M. Brückner/Münster 2000
(gilt auch für alle weiteren Grafiken)

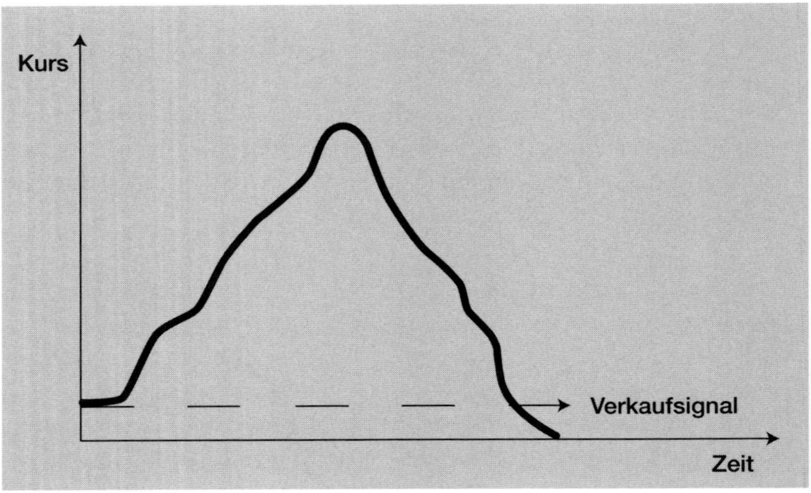

Umgekehrte V-Formation: Der Kurs der Aktie ging steil nach oben, um anschließend jäh abzustürzen. Die Kurve sinkt sogar unter das Ausgangsniveau = Verkaufssignal

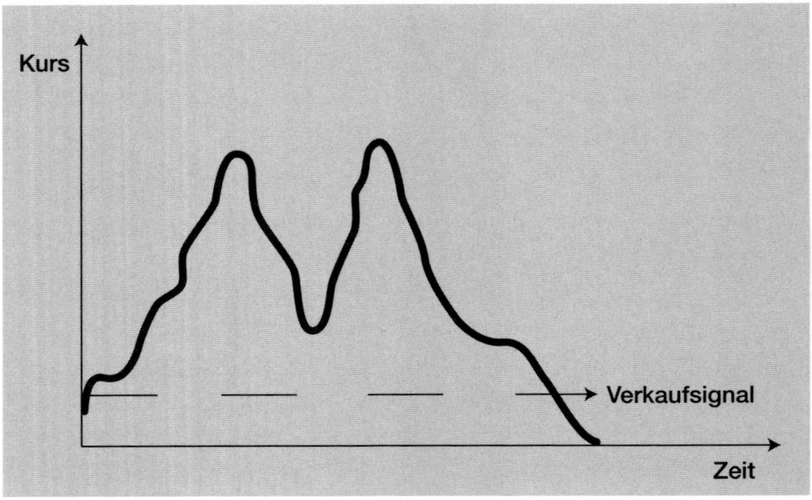

M-Formation: Im Grunde eine doppelt umgekehrte V-Formation. Der Kursverlauf ist äußerst volatil (Achterbahn-Kurve) und sinkt am Ende unter den Ausgangspunkt = Verkaufssignal

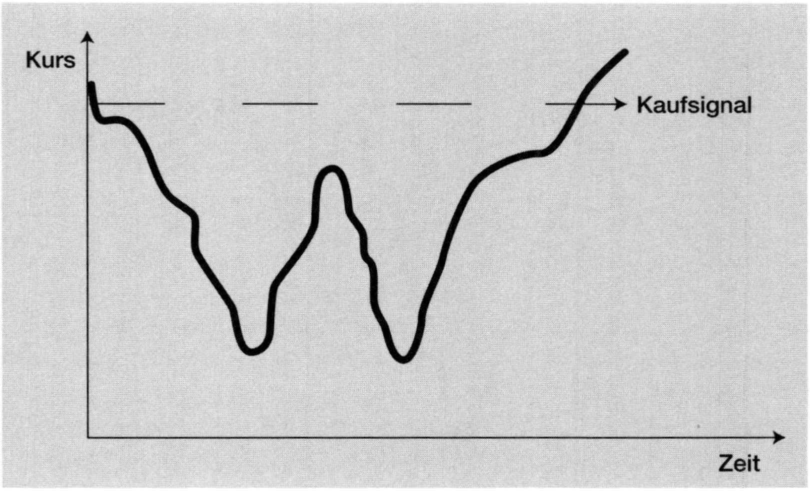

W-Formation: Doppelte V-Formation. Kursspielraum nach oben = Kaufsignal

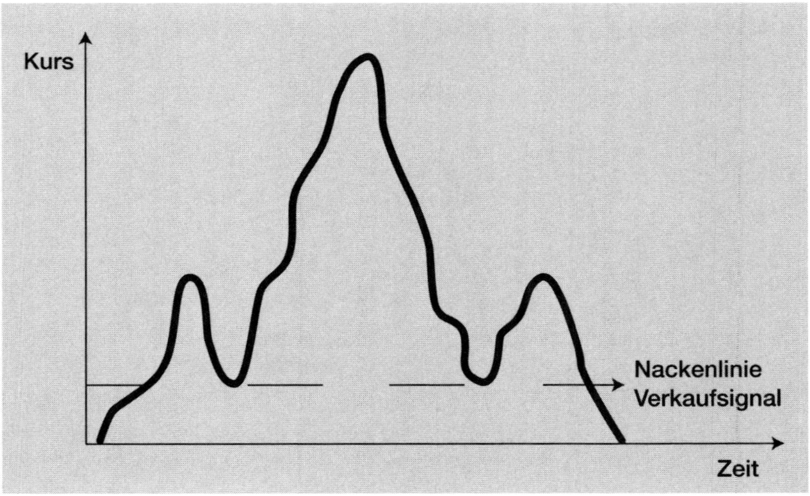

Kopf-Schulter-Formation: Kursverlauf sinkt unter die Nackenlinie = Verkaufssignal

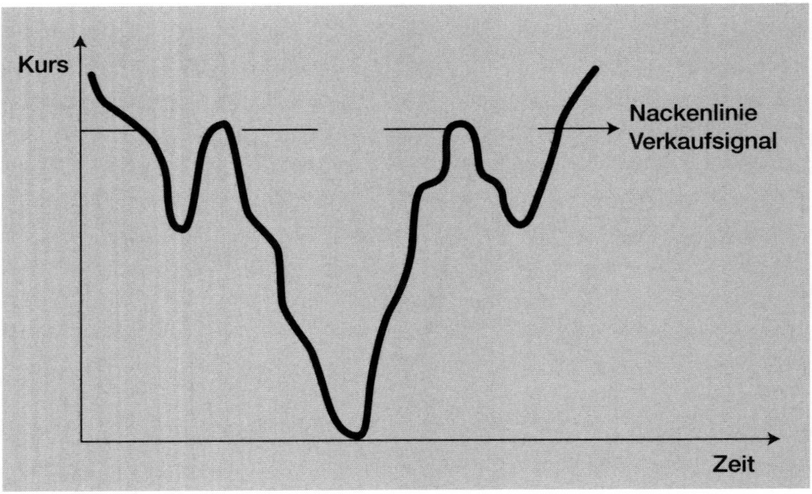

Umgekehrte Kopf-Schulter-Formation: Kursverlauf steigt über die Nackenlinie = *Kaufsignal*

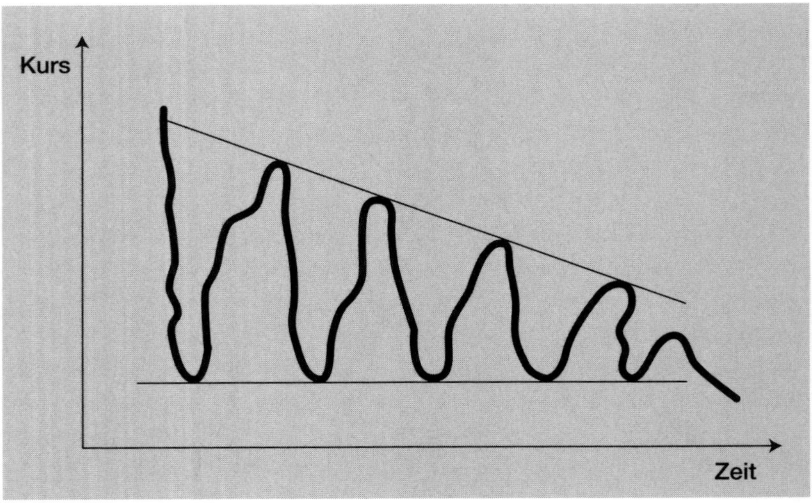

Dreieck-Formation: Trend bestätigt sich = *Aktivitäten fortführen*

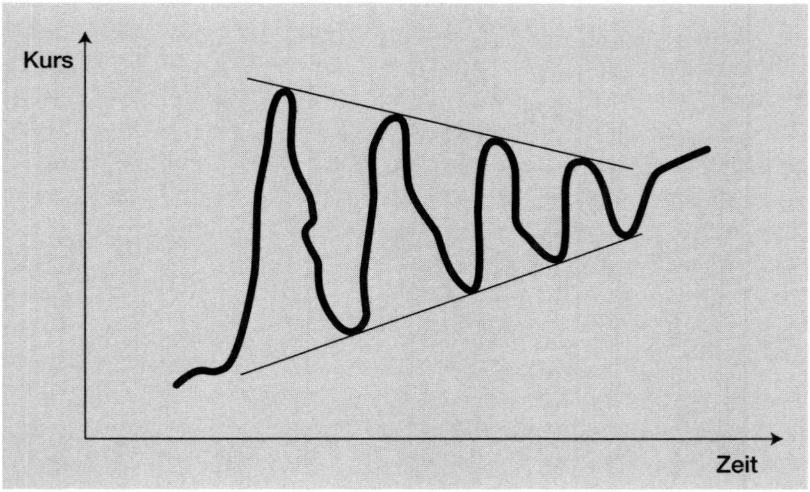

Wimpel-Formation: Trend bestätigt sich = *Aktivitäten fortführen*

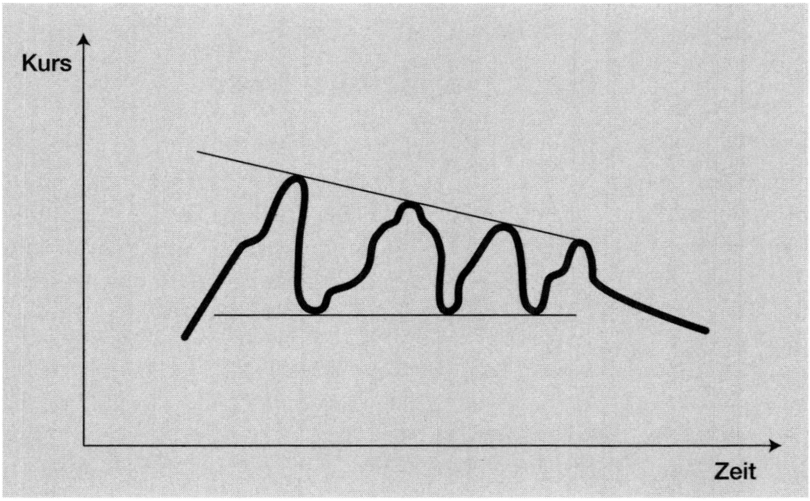

Keil-Formation: Trend ändert sich = *Aktivitäten umstellen*

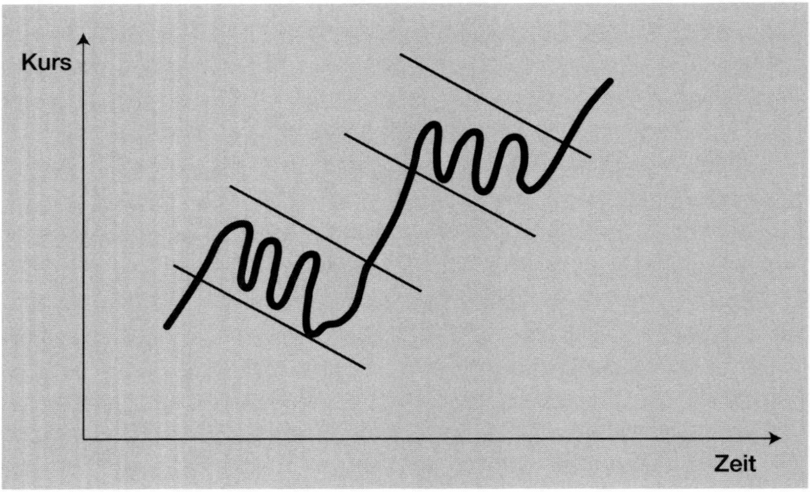

Flaggenbildung: Trend bestätigt sich = *Aktivitäten fortführen*

Noch ein kleiner Trost

Falls Sie trotz gewissenhafter Recherche den falschen Einstiegszeitpunkt erwischen, trösten Sie sich mit der Tatsache, dass sogar erfahrene Profis bisweilen nicht den richtigen Riecher haben. Selbst David Alger, unbestritten einer der erfolgreichsten Fondsmanager der Welt, räumt ein, dass es letztlich auf die Intuition ankommt: „Es ist wie in einem Autorennen“, vergleicht Alger. „Bremst man zu früh, verliert man. Bremst man zu spät, stirbt man.“

Wie Profis investieren

Stellen Sie sich vor, Sie investieren heute rund 100 000 Euro – und in zwanzig bis dreißig Jahren verfügen Sie über 20 Milliarden. Ein schöner Traum, der für Warren Buffett Wirklichkeit geworden ist. Der Chef der börsennotierten Investment-Holdinggesellschaft Berkshire Hathaway gilt ungeachtet einiger Rückschläge, die er gerade in der jüngeren Vergangenheit hinnehmen musste, nach wie vor als einer der geschicktesten Investoren in den USA. Für seine Fans, die Jahr für Jahr zur Hauptversammlung von Berkshire Hathaway pilgern, um den großen Meister live zu erleben, ist Warren Buffett ein kapitalistischer Guru. Auch wenn man derlei Personenkult eher skeptisch gegenübersteht – eines ist dennoch sicher: Es muss etwas dran sein an der Investment-Philosophie Buffetts. Wie geht er vor? Was kann der private Anleger daraus lernen? Gibt es Achillesfersen, auf die der Investor achten sollte? Diesen Fragen werden wir auf den folgenden Seiten nachgehen.

Der Name Warren Buffett ist Ihnen mit großer Wahrscheinlichkeit bereits ein Begriff. Doch kennen Sie auch Shelby Davis? Er ist Gründer und Chief Investment Officer von Davis Selected Advisers, einer der erfolgreichsten amerikanischen Fondsgesellschaften. Und mit Buffett hat er zumindest eines gemeinsam: Er investiert ausschließlich in Blue Chips. Auch seine Erfolge können sich sehen lassen. Wer am 1. Januar 1970 10 000 US-Dollar in den Davis New York Venture Fund investierte, durfte sich zum 31. Dezember 1999 über 776 000 Dollar freuen. Kann es eine bessere Altersversorgung geben? Da die Familie von Shelby Davis – einschließlich seiner beiden Söhne Andrew und Christopher, die seit Anfang der Neunzigerjahre die Geschäfte führen – ihr Kapital in den eigenen Fonds investiert haben, hat auch sie kräftig verdient. Vielleicht nicht ganz so viel wie Warren Buffett, aber wer braucht schon 20 Milliarden Dollar zum Glücklichsein ...?

Nehmen wir also die Methoden und die Strategien beider Herren etwas genauer unter die Lupe. Natürlich: Beide verfügen über hervorragende Mitarbeiter und exzellente Research-Einrichtungen. Ein unwahrscheinliches Know-how-Potenzial, das selbst dem professionellsten Privatanleger niemals zur Verfügung stehen wird. Doch darum soll es auch gar nicht gehen. Analysieren wir vielmehr, welchen grundsätzlichen Philosophien die beiden Milliarden-Investoren folgen. Von beiden – so viel steht fest – kann auch der Kleinanleger lernen.

Warren Buffett: Das „Business-Perspective-Investing-Prinzip"

Der erste Schritt zum großen Reichtum erfordert stets jede Menge Mut und die Bereitschaft, hohe persönliche Risiken einzugehen. Warren Buffett, ein an der Columbia-University unter dem legendären Finanzgenie Benjamin Graham ausgebildeter Investment-Experte, wagte diesen Schritt im Jahr 1957. Zusammen mit einigen Mitgliedern seiner Familie und ein paar Freunden beteiligte er sich mit rund 105 000 US-Dollar an einer Investment-Gesellschaft. Die zu erwartenden Erträge aus diesem Engagement hätten vielleicht ausgereicht, um der Familie Buffett ein hinlängliches Einkommen zu garantieren. Der Aufstieg zum umjubelten Multi-Milliardär indessen hatte andere Gründe. Buffett folgte einer an sich recht einfachen, aber höchst effizienten Strategie. Wie überhaupt alle erfolgreichen Investment-Philosophien verblüffend einfach sind. „Top-Investoren wie Warren Buffett, Peter Lynch und Michael Price verfolgten alle relativ simple Stategien", meint denn auch der amerikanische Börsen-Experte Tom Taulli, der die erste Investmentbank im Internet aus der Taufe hob. Man brauche gewiss kein Hochschuldiplom, um erfolgreich zu investieren, stellt Taulli fest. Im Gegenteil – mitunter sei es sogar hilfreich, nie eine Universität von innen gesehen zu haben.

Nun ja, auf Warren Buffett trifft zumindest diese zugespitzte Bemerkung von Tom Taulli nicht zu. Immerhin verdankt der spätere Investment-Guru seinem früheren Professor Benjamin Graham die wissenschaftliche Grundlage seines Erfolgs. Grahams Credo, das er seinen Studenten zu vermitteln suchte, hieß „Business Perspective Investing“, frei übersetzt also „Investieren in die wirtschaftlichen Aussichten von Unternehmen“.

GUT ZU WISSEN

„Business Perspective Investing“

Wer sich eine Aktie kauft, interessiert sich für die Gegenwart und vor allem für die Zukunft des Papiers. Die Vergangenheit spielt keine Rolle. Wie erfolgreich das Unternehmen in den zurückliegenden Jahren war, welche Gewinne es erzielte und welch stolze Performance die Aktie in der vergangenen Dekade vorweisen konnte – das alles interessiert einen Anleger nur mäßig. Er investiert einzig und allein in die weiteren Aussichten des Unternehmens. An der Börse werden Geschäfte mit der Zukunft gemacht. Wer mithin mittel- bis langfristig eine überdurchschnittliche Performance erzielen will, muss jene Unternehmen identifizieren, die Zukunftspotenzial verheißen, das die meisten anderen Marktteilnehmer noch nicht erkannt haben. Die Gegenwart spielt insofern eine Rolle, als der aktuelle Preis für die Aktie stimmen muss. Denn je höher der Kurs, desto weniger fallen die wirtschaftlichen Zukunftsaussichten des Unternehmens ins Gewicht. Die glänzenden Perspektiven der Aktiengesellschaft sind in diesem Fall bereits im Kurs des Wertpapieres enthalten.

Auch andere Investment-Experten folgten dem Prinzip von Benjamin Graham. Die meisten hatten ebenfalls Erfolg, doch keinem gelang der kometenhafte Aufstieg eines Warren Buffett. Die Erklärung ist einfach: Buffett hat die Philosophie des Business Perspective Investing weiterentwickelt. Vor allem verfeinerte er die Auswahl der Aktien. Bei der Trennung von Spreu und Weizen setzt Buffett unter anderem auf das so genannte Verbrauchermonopol. Damit sind keineswegs Unternehmen gemeint, die als Monopolisten (also ohne Konkurrenten) auf dem Markt agieren. Das wäre auch gefährlich, denn solche Unternehmen neigen auf Dauer zu Verkrustungen.

Ein Beispiel soll verdeutlichen, was Warren Buffett unter einem Verbrauchermonopol versteht: Coca-Cola ist rund um den Globus das führende Cola-Getränk. An zweiter Stelle kommt Pepsi. Beide Unternehmen verfügen über ein Verbrauchermonopol, wobei jenes von Coca-Cola noch ausgeprägter ist. Wo immer Sie sind auf dieser Welt – Sie können sich an einer „Coke" laben. Können Sie sich vorstellen, dass ein dritter Anbieter auftaucht und den beiden Marktführern ernsthaft Konkurrenz macht? Wohl kaum. Buffett formulierte seine Vorstellung von einem Verbrauchermonopol einmal sinngemäß folgendermaßen: Ein solches Monopol liegt vor, wenn es ein neuer Konkurrent selbst mit Milliarden-Investitionen nicht schaffen kann, den Marktführer in Verlegenheit zu bringen.

Zu den Aktienlieblingen von Warren Buffett gehörten in den vergangenen Jahren zwei weitere Unternehmen mit Verbrauchermonopol: Wrigley und Philip Morris. Beide Firmen produzieren an und für sich recht banale Dinge (vielleicht macht sie ja gerade das so erfolgreich). Die eine stellt Kaugummi, die andere die Zigarettenmarke Marlboro her. Beide Marken stehen bei den Verbrauchern hoch im Kurs. Vermutlich würde ein Marlboro-Raucher lieber aufs Qualmen verzichten als sich mit einer anderen Sorte zufrieden zu geben. Und auch Wrigley ist in seiner Branche unschlagbar. Natürlich stellen auch andere Unternehmen Kaugummi her, die Verbraucher indessen greifen an der Kassentheke zu den vertrauten Wrigley-Produkten.

Aktien von Unternehmen, die ein solches Verbrauchermonpol besitzen, gehören mithin allemal in den Favoritenkreis von Blue-Chip-Investoren. Dennoch darf eine solche Stellung bei den Konsumenten nicht als alleiniges Entscheidungskriterium angesehen werden. Denn durch gravierende Managementfehler oder plötzlich auftretende Mängel in der Produktion (zum Beispiel bei Coca-Cola) können auch Unternehmen vorübergehend in Turbulenzen geraten, deren Erzeugnisse oder Dienstleistungen zur weltweiten Spitzenklasse gehören. Warren Buffett achtet daher auf eine nachhaltig hohe Eigenkapitalrendite der für ein Investment infrage kommenden Unternehmen. Wichtig erscheinen ihm darüber hinaus realistisch voraussagbare Gewinne. Der amerikanische Finanz-Guru hat eine Aversion gegen Unternehmen mit stark zyklischem

Geschäft, die in einem Jahr hervorragende Gewinne ausweisen und wenig später bereits wieder in die roten Zahlen rutschen. Möglicherweise hält sich Buffett deshalb auch von so genannten Hightech-Werten fern. Angeblich verschmäht er sogar die Microsoft-Aktie seines Freundes Bill Gates.

Ein weiterer Aspekt, der die Investment-Philosophie von Warren Buffett entscheidend prägt: Er geht nicht gezielt auf Schnäppchenjagd und kauft alles ein, was nach einer Kurskorrektur an den Finanzmärkten gerade billig ist. Buffetts Vorgehensweise ist strategisch angelegt. Mit anderen Worten: Er sucht sich Unternehmen aus, deren Aktien er gern in seinem Depot hätte.

Bei seiner Suche selektiert er unter anderem nach den genannten Kriterien: Verfügt das Unternehmen über ein Verbrauchermonopol, sind die Gewinne langfristig einigermaßen prognostizierbar, erwirtschaftet das Unternehmen eine nachhaltig hohe Eigenkapitalrendite, hat das Management einen guten Ruf?

Hat er die für ihn interessanten Werte ausgesucht, übt sich Buffett in Geduld. Und genau das empfiehlt er auch seinen Anhängern, wohl wissend, dass Warten nicht gerade zu den Grundeigenschaften hektischer Börsianer gehört. Warten dürfe nicht nur eine Disziplin sein, der man vorrangig an Flughäfen und Bahnhöfen nachkomme, stichelte Buffett einmal in Richtung seiner Kollegen.

Der Investment-Guru wartet in aller Ruhe ab, bis die ausgesuchten Aktien zu einem günstigen Einstiegspreis zu haben sind – und dann schlägt er zu. Er kauft also Aktien nicht, wenn sie billig sind, sondern er investiert, wenn „seine“ Aktien zu einem günstigen Kurs notieren.

Es sei nicht verschwiegen: Das Bild vom ewig erfolgreichen Investment-Milliardär Buffett hat gerade in den vergangenen Jahren ein paar Kratzer bekommen. Zum einen mussten seine Fonds, die sich auf Werte aus der Old Economy konzentrieren, deutliche Rückschläge hinnehmen. Zum anderen wird Buffett vorgeworfen, er sei mit seiner Investment-Strategie nicht mehr auf der Höhe der Zeit. Vielen scheint es, als habe Buffett seine Philosophie in den Fünfzigerjahren entwickelt und sie niemals an das Hightech- und Internet-Zeitalter angepasst. Dieser Vorwurf ist offenkundig nicht ganz unberechtigt.

Dennoch: Einige Grundprinzipien der Erfolgs-Strategie von Warren Buffett sind zeitlos und gelten für jeden Blue-Chip-Investor. Fassen wir daher die wichtigsten Tipps noch einmal kurz zusammen:

- Kaufen Sie Aktien von Unternehmen mit einem Verbrauchermonopol, also einer unangreifbar starken Marktstellung.
- Achten Sie auf die Rentabilität der Aktiengesellschaft und auf die Exaktheit der Gewinnprognosen.
- Kaufen Sie niemals Aktien nur deshalb, weil sie gerade im Kurs gefallen sind.
- Legen Sie in regelmäßigen Abständen fest, welche Aktien Sie gern in Ihr Depot holen würden.
- Warten Sie stets geduldig ab, bis sich eine günstige Kaufgelegenheit bietet.

Shelby Davis – der „Value-Investor“

Der Familienname Davis hat in den Vereinigten Staaten traditionsgemäß einen guten Klang. Der Vater des Investmentstrategen, Shelby Cullom Davis, stellte sein Know-how als Finanzberater unter anderem amerikanischen Präsidenten und Gouverneuren zur Verfügung. Ziel seines Sohnes war es, das Wissen und die Expertise seines Vaters in verstärktem Maße privaten Anlegern zugänglich zu machen. Aus diesem Grund gründete Shelby Davis jun. 1969 die Davis Selected Advisers, die seither mit überdurchschnittlichen Anlageergebnissen an der Wall Street glänzen können. Das Flaggschiff der Davis-Gesellschaft – der Davis New York Venture Fund – ist der einzige offene US-Fonds, der in sämtlichen Zehn-Jahreszeiträumen seit 1969 bessere Ergebnisse erzielte als der Vergleichsindex S & P 500.

Anfang der Neunzigerjahre traten die Söhne von Shelby Davis, Andrew und Christopher Davis, in das traditionsreiche Familienunternehmen ein und konnten als Portfolio-Manager die Anlagetradition ihres Vaters und ihres Großvaters erfolgreich fortsetzen. Shelby Davis jedoch trägt bis heute die Gesamtverantwortung als Chief Investment Officer. Und diese Verantwortung ist in den vergangenen Jahren ständig gewachsen. Derzeit verwaltet der Fonds rund 30 Milliarden US-Dollar. Eine ganze Menge für ein Familienunternehmen – denn um ein solches handelt es sich bei den Davis Selected Advisers nach wie vor.

Davis gehört zur Gruppe der so genannten „Value-Investoren“. Das heißt, er investiert das Geld seiner Anleger wertbezogen. Dem Substanzerhalt des eingesetzten Kapitals kommt dabei ein hoher Stellenwert zu. „Growth-Investoren“ setzen hingegen auf aggressives Wachstum und gehen hierfür höhere Risiken ein.

Doch bleiben wir bei Shelby Davis und nehmen wir uns dessen Investmentstrategie etwas genauer vor. Was auffällt, ist die außerordentlich langfristige Ausrichtung der Investment-Philosophie. Das hektische Hin und Her der Daytrader, die Aktien kaufen, um sie ein paar Minuten später wieder abzustoßen, ist nicht das Metier von Shelby Davis. Er denkt generationenübergreifend, weil er überzeugt ist, dass wirklich fundamentale Börsenzyklen sich in der Regel auf 15 bis 20 Jahre erstrecken. Innerhalb dieser Zeiträume kommt es zwar immer wieder zu Auf- und Abschwüngen, aber der generelle Trend ändert sich nicht grundlegend.

Davis nennt zwei Beispiele für seine Theorie: In der Zeit zwischen Mitte der Sechziger- und Anfang der Achtzigerjahre sei zwar das Bruttoinlandsprodukt (BIP) in den USA deutlich gestiegen, der Dow-Jones-Index aber habe sich in keine bestimmte Richtung entwickelt. Davis: „Die Marktgewinne blieben glanzlos.“ Worauf ist dieser scheinbare Widerspruch zurückzuführen? Weshalb steigen die Börsenkurse nicht, wenn doch die Wirtschaft kräftig zulegt? Davis macht dafür die in diesen Jahren dramatisch gestiegenen Zinsen verantwortlich. Höhere Zinsen aber waren schon immer Gift für die Börse. Die damalige Hochzinspolitik war eine Konsequenz der explodierenden Inflation infolge des starken Anstiegs der Öl- und Rohstoffpreise. Zwar wuchs das BIP, doch Inflation und Zinsen ließen die Unternehmensgewinne schrumpfen. Eine Entwicklung, die keinem Börsianer Freude bereitet.

Dann aber begann für die internationalen Aktienanlager gleichsam die goldene Jahrtausend-Endrallye. Etwa ab Anfang der Achtzigerjahre bis 1999 konzentrierten sich die Regierungen und Notenbanken zunehmend auf die Inflationsbekämpfung. In den wichtigsten Industriestaaten kam dem Faktor Preisstabilität höchste Priorität zu. Ein Trend, der sich im Vorfeld der Euro-Einführung verstärkte, als die teilnehmenden Staaten strenge Stabilitätskriterien erfüllen mussten.

Schwindende Inflationsgefahren bedeuten sinkende Zinsen. Eine Entwicklung, die in der Bundesrepublik nur in den Jahren nach der deutschen Wiedervereinigung kurzfristig durchbrochen wurde, als es galt, die unversehens aufkeimenden Inflationsrisiken in den Griff zu bekommen. Ab Mitte der Neunzigerjahre sanken dann die Zinsen allmählich bis auf ihr Rekordtief im Jahr 1999. Hinzu kamen die Umstrukturierung verkrusteter Unternehmen, die zunehmende Liberalisierung der Märkte (Strom, Telekommunikation) sowie die globalen Chancen des Internets. Die für Aktienanleger erfreuliche Konsequenz: Die Unternehmensgewinne stiegen nun schneller als das Bruttoinlandsprodukt. Also eine genaue Umkehrung der Situation in den Sechziger- und Siebzigerjahren. In dieser Phase stieg der Dow-Jones-Index um das Zehnfache. An der Börse konnten selbst unerfahrene Anleger viel verdienen.

In einem Brief warnte Shelby Davis gleich nach dem Millenniums-Wechsel seine Kunden vor der Annahme, diese Entwicklung könne sich ungebremst auch in den nächsten Jahren fortsetzen: „Würde der Dow in den nächsten zwei Jahrzehnten so schnell wachsen wie in den letzten beiden, würde er grob geschätzt bei etwa 100 000 Punkten notieren. Wir sind sicher, dass dies nicht passieren wird. Würde sich der Dow aber mit einer jährlichen Rate von sieben oder acht Prozent steigern, könnte er in diesem Zeitraum 40 000 bis 50 000 Punkte erreichen."

Davis ist überzeugt, dass mit dem Beginn des neuen Jahrtausends auch ein neuer Börsenzyklus begann. „Es ist sehr unwahrscheinlich, dass wir weiterhin den doppelten Segen von langsam fallenden Zinsen und wachsenden Unternehmensgewinnen genießen werden." Im Klartext: Die Zeit der großen Sprünge ist vorüber. Der Aktienanleger muss bescheidener werden und im Rahmen der von Davis genannten durchschnittlichen Jahresrenditen zwischen sieben und acht Prozent denken. Außerdem wird nach seiner Ansicht die Auswahl von Wertpapieren künftig von noch entscheidenderer Bedeutung sein als in der Vergangenheit.

Nach welchen Kriterien sucht Shelby Davis seine Aktien aus? Wie trennt er die Spreu vom Weizen? Zunächst setzt Davis – wie gesagt – vor allem auf Blue Chips. Dahinter müssen aus seiner Sicht Unternehmen stehen, die eine globale Perspektive haben. „Multinationale Unternehmen verfügen insofern über einen Vorteil, als sie ihr Kapital auf der ganzen Welt in Gebieten anlegen können, in denen das BIP besonders schnell zu wachsen scheint“, erläutert Davis. Firmen, die über keine internationale Strategie verfügen, kommen für Davis nicht in Betracht.

Darüber hinaus legen die Experten von Davis Selected Advisers großen Wert auf eine realistische Einschätzung der Managementqualitäten. Dahinter steht die Erfahrung, dass hervorragend gemanagte Unternehmen selbst in schwierigen Börsenzeiten mit besseren Kursen dastehen als ihre nur mittelmäßig verwalteten Konkurrenten.

Ein weiterer Erfolgsfaktor ist die strenge Kursdisziplin der Investmentstrategen rund um Shelby Davis. Ähnlich wie Warren Buffett greifen auch sie nur dann an der Börse zu, wenn Qualitätsaktien zu einem günstigen Preis zu bekommen sind, sprich: wenn der „innere Wert“ eines Unternehmens höher ist, als es der aktuelle Aktienkurs vermuten lässt. Als „Value-Investor“ achtet Davis zudem auf ein konsequentes Risikomanagement. Im Vordergrund steht – wie erwähnt – der Substanzerhalt des Kapitals. Im Zweifelsfall verzichtet Davis auf ein gutes und renditeträchtiges Geschäft, um Risiken zu meiden. Das führte in der Vergangenheit zwar dazu, dass die aggressiveren Growth-Investoren häufig eine bessere Performance vorweisen konnten, dafür erweist sich die Philosophie von Davis als stressärmer für die Anleger.

Schließlich verfolgt Davis eine langfristige Strategie, die vor allem auf den Faktor Geduld setzt. Ein weniger geduldiger Börsianer meinte einmal auf den Hinweis, man müsse bei der Aktienanlage langfristig disponieren: „Langfristig sind wir alle tot.“ Diese Erkenntnis ist zwar ebenso banal wie richtig, aber ein wirklich strategischer Vermögensaufbau verlangt eben Geduld. Kurzfristige Gewinnmitnahmen und kleine Zeichnungsgewinne mögen das Taschengeld aufbessern und mit etwas Glück einen zusätzlichen Urlaub sichern. Wer sich allerdings für sein Alter ein ausreichendes finanzielles Ruhepolster schaffen möchte, sollte eher „value-orientiert“ sein.

Fassen wir wiederum die Erfolgsfaktoren von Shelby Davis kurz zusammen:

- Er denkt in langfristigen Börsenzyklen, wobei jeder Zyklus eine Anpassung der grundsätzlichen Investmentstrategie verlangt.
- Gekauft werden nur Blue-Chip-Aktien von Unternehmen, die international ausgerichtet sind.
- Davis legt größten Wert auf ein ausgezeichnetes Management.
- Eine strenge Kursdisziplin stellt sicher, dass Aktien nur dann gekauft werden, wenn der aktuelle Kurs unter dem „inneren Wert“ des Papiers liegt, das heißt, wenn Qualitätsaktien fundamental deutlich unterbewertet erscheinen.
- Durch konsequentes Risikomanagement setzt Davis vor allem auf Substanzerhalt des investierten Kapitals. Wertpapier-Positionen werden nur dann aufgebaut, wenn die Risiken überschaubar erscheinen und in einem angemessenen Verhältnis zu den damit verbundenen Chancen stehen. Das setzt die Bereitschaft voraus, im Zweifel auch mal auf ein scheinbar lukratives Geschäft zu verzichten, wenn die Risiken zu groß erscheinen.
- Davis disponiert langfristig und geduldig. Wer auf den schnellen Dollar oder auf den schnellen Euro hofft, ist bei ihm an der falschen Adresse.

Neuemissionen – worauf es ankommt

Der amerikanische Börsenexperte Tom Taulli schrieb seinen Landsleuten unlängst deutliche Worte ins Stammbuch: „Es ist ein allgemeines Missverständnis, dass IPOs (= Initial public offering, also Neuemissionen, der Autor) einen garantierten Weg zum Reichtum darstellen. Obwohl es zahlreiche Fälle gibt, in denen dies funktionierte, so ist es dennoch eine Tatsache: Es gibt keine Garantien." (Aus: Investing in IPOs, Princeton, NJ, 1999)

Was Taulli den Amerikanern zu bedenken gibt, gilt uneingeschränkt auch für Deutschland, wo gegen Ende der Neunzigerjahre geradezu ein „Zeichnungsfieber" grassierte. Egal, was gerade an die Börse kam, die Anleger zeichneten die Aktien und waren enttäuscht, wenn ihnen am Ende keine Papiere zugeteilt wurden. Mancher mag über die ausgebliebene Berücksichtigung im Nachhinein gar nicht so unglücklich gewesen sein, denn insbesondere am Neuen Markt kam in der letzten Phase der IPO-Euphorie „unglaublicher Schrott" (so ein Insider) an die Börse. Es handelte sich um regelrechte Kapitalvernichtungsmaschinen, die nur das Ziel verfolgten, die Gründer reich zu machen und den hinter ihnen stehenden Venture-Capital-Gesellschaften eine angemessene Rendite auf Kosten der neuen Aktionäre zu sichern.

In dieser Hinsicht steht der Blue-Chip-Investor eher auf der sicheren Seite, obwohl natürlich auch bei der Zeichnung von Mammutemissionen unangenehme Überraschungen nicht auszuschließen sind. Beispiel Telekom. Wer beim ersten Börsengang dabei war und seine Aktien bis zum Jahresanfang 2000 hielt, konnte das eingesetzte Kapital sage und schreibe versiebenfachen. Auch bei der Emission der zweiten Tranche von T-Aktien konnten die Anleger noch ganz ordentlich verdienen. Wer allerdings angesichts dieser positiven Entwicklung gleichsam auf automatische Gewinne spekuliert und auch die dritte Tranche der Telekom gezeichnet hatte, erlebte eine bittere Enttäuschung. Vom Frühjahr bis zum Herbst 2000 verlor die T-Aktie aus dem dritten Börsengang bis zu einem Drittel ihres Wertes.

Unser Praxistipp

Nicht jede von großem Werbeaufwand begleitete Mammutemission macht dem Anleger Freude. Sie sollten sich also im Vorfeld eingehend über das Unternehmen erkundigen und nicht allein auf die flotten Sprüche von Manfred Krug, Thomas Gottschalk & Co. vertrauen. Versprechen Sie sich zudem nicht allzu viel von der so genannten Kurspflege der Emissionsbanken. Es ist zwar richtig, dass die Geldinstitute, die den IPO eines Großunternehmens begleiten, schon im Interesse ihres eigenen Renommees alles tun werden, um einen Flop zu verhindern. Gerade bei Unternehmen mit einer so hohen Börsenkapitalisierung wie der Deutschen Telekom gelingt es allenfalls für sehr kurze Zeit, den Kurs zu stabilisieren. In der Regel fällt die sich anschließende Talfahrt dann umso rasanter aus.

Im Angebot: Ehemalige Staatsbetriebe und Spin-offs

Wenn Aktien von Großunternehmen neu an die Börse kommen, dann vor allem aus zwei Gründen: Meist handelt es sich um eine Privatisierung ehemaliger Staatsbetriebe. In diese Kategorie fallen zum Beispiel die Telekom, die Deutsche Post und die Deutsche Lufthansa. Diese Konzerne – in aller Regel verkrustet, ineffizient und wenig kundenfreundlich – werden in der ersten Phase lange vor dem IPO in eine Aktiengesellschaft umgewandelt. Die Anteilspapiere bleiben jedoch noch eine Weile in Staatsbesitz, bis das Unternehmen „börsenreif" erscheint. Wer hätte schon Mitte der Neunzigerjahre Aktien der Deutschen Post gekauft? Erst nachdem sich das ehemalige Staatsunternehmen durch gezielte Zukäufe – zum Beispiel der schweizerischen Danzas-Gruppe – zu einem der führenden Logistik-Dienstleister der Welt weiterentwickelt hatte, erschien die „Aktie gelb" für private und institutionelle Anleger interessant.

Die zweite Gruppe von Blue-Chip-IPOs ist auf die Auslagerung von Unternehmensteilen aus Großkonzernen zurückzuführen. Dabei handelt es sich um so genannte Spin-offs, also um Abspaltungen von ehemaligen Geschäftsfeldern innerhalb von Großkonzernen. Prominenteste Beispiele hierfür sind Infineon und Epcos, die früher beide Bestandteile des Siemens-Konzerns waren, der auch heute noch Mehrheitsaktionär beider Hightech-Unternehmen ist. Die Ausgliederung von Konzernteilen soll dazu beitragen, Strukturen schlanker zu machen und somit eine Konzentration auf die Kernkompetenzen der auslagernden und ausgelagerten Unternehmen zu ermöglichen.

IPOs: Darauf sollten Sie achten

Wie gesagt, auch bei der Neuemission von Blue Chips, mit denen sich normalerweise viel Prestige verbindet, sollten Sie sich im Vorfeld eingehend informieren und einige bewährte Ratschläge befolgen. Die wichtigsten haben wir nachfolgend für Sie zusammengestellt:

- Lesen Sie unbedingt den Emissionsprospekt (Sie können ihn sich zuschicken lassen oder meist auch im Internet von der Homepage des betreffenden Unternehmens herunterladen). Das Unternehmen ist zur Herausgabe eines solchen Prospektes verpflichtet. Ansonsten erhält es keine Genehmigung, seine Papiere an der Börse zu platzieren. Das bedeutet: Der Prospekt muss rechtzeitig vor dem Börsengang des Unternehmens vorliegen, damit sich die Marktteilnehmer ein Bild davon machen können, wem sie ihr Geld anvertrauen und wie hoch die damit verbundenen Risiken einzuschätzen sind. Schauen wir uns die Inhalte eines solchen Emissionsprospektes etwas genauer an. In ihm müssen Angaben über die Entwicklung des Unternehmens, die laufende Geschäftslage, die Geschäftsaussichten sowie der aktuellste

Jahresabschluss enthalten sein. Die Anforderungen an den Emissionsprospekt bei der Zulassung zum Neuen Markt gehen sogar noch weiter. Er muss eine Vielzahl von Angaben über die Aktie selbst, die Vermögens-, Finanz- und Ertragslage der Firma, zur Rechnungslegung sowie Angaben über Beteiligungsunternehmen als auch über die Geschäftsführungs- und Aufsichtsratsorgane enthalten.

GUT ZU WISSEN

Angaben werden nicht geprüft

So sehr wir Ihnen empfehlen, vor der Zeichnung einer Aktie den Emissionsprospekt genau zu studieren, so deutlich müssen wir jedoch eine Einschränkung machen: Der Prospekt wird weder von der Zulassungsstelle der Börse noch vom Bundesaufsichtsamt für den Wertpapierhandel auf sachliche Korrektheit geprüft. Es geht vielmehr allein darum, ob die formalen Vorschriften eingehalten werden. „Im Grunde kann man ein Märchenbuch schreiben – es muss nur vollständig sein“, kritisiert denn auch Anneliese Hieke von der Schutzgemeinschaft der Kleinaktionäre.

- Kaufen Sie nur, was Sie kennen. Ärzte, so heißt es, investieren nie in Pharma-Werte. Warum wohl? Doch Spaß beiseite, je mehr Sie über die Branche eines neuen Börsenkandidaten wissen, umso präziser können Sie die Zukunftsaussichten der Neuemission abschätzen. Wenn Sie zum Beispiel selbst in einem Unternehmen der Logistik-Branche tätig sind, wissen Sie wahrscheinlich, wie es um die Chancen der Deutschen Post auf diesem Zukunftsmarkt bestellt ist. Arbeiten Sie bei einer Bank oder Versicherung, sind Sie wahrscheinlich in der Lage, die Geld- und Finanzbranche besser zu beurteilen als ein Außenstehender. Arbeiten Sie im Handel, wissen Sie selbst am besten, mit welchen Problemen diese Branche zu kämpfen hat. Know-how können Sie freilich auch als Verbraucher sammeln. Wenn Sie Spaß am Autofahren haben, interessieren Sie sich wahrscheinlich für die ganze „Szene“. Das heißt, Sie lesen die einschlägigen Magazine und sind damit über die Pläne und Strategien der großen Automobilhersteller besser informiert als andere. Bevorzugen Sie Fast Food, kennen Sie wahrscheinlich die Stärken und Schwächen von McDonald's und Burger King. Ganz egal, ob Sie nun beruflich oder als Verbraucher mit einer Branche zu tun haben – nutzen Sie Ihr Knowhow beim Aktienkauf. Seien Sie umgekehrt vorsichtig, wenn Sie nur eine vage Vorstellung davon haben, was das Unternehmen, dessen Aktien Sie kaufen wollen, überhaupt anbietet.

- Studieren Sie die Einschätzungen von Analysten, aber vertrauen Sie deren Meinungen nicht blind. Bei nahezu jeder Neuemission gibt es Befürworter und Skeptiker. „Vier Analysten, fünf Meinungen", lästern Finanzjournalisten bisweilen. Zudem sind viele Empfehlungen durchaus mit Vorsicht zu genießen. Die Analysten einer Bank, die an der gewinnträchtigen Emission eines Unternehmens beteiligt war, werden sich auch nach dem IPO mit negativen Kommentaren zurückhalten. Begnügen Sie sich nicht mit Kurzkommentaren wie „zeichnen" oder „nicht zeichnen". Fordern Sie vielmehr die gesamte Analyse der Experten an. Dann können Sie die Argumente, die zu einem bestimmten Urteil geführt haben, im Detail nachlesen. Auf diese Weise werden die Stärken und Schwächen eines Unternehmens deutlich. Wie Sie das Pro und Contra dann allerdings gewichten, bleibt Ihre persönliche Entscheidung, die Ihnen niemand abnehmen kann – und auch nicht abnehmen sollte. Für sein Investment ist jeder selbst verantwortlich. Wer sich dieser Verantwortung nicht gewachsen fühlt, darf sich nicht hinter falschen Analysten-Empfehlungen oder fragwürdigen Tipps seines Anlageberaters verstecken. Er sollte lieber auf sichere Anlageformen setzen, bei denen er nichts verkehrt machen kann.
- Tragen Sie es mit Fassung, wenn Sie bei der Zuteilung wieder mal nicht berücksichtigt worden sind. Leider handeln immer noch viele Anleger nach dem Motto „Jetzt erst recht" und kaufen die begehrte Aktie am ersten Handelstag an der Börse. Ein authentisches Beispiel: Ein Anleger wollte unbedingt dabei sein, als der Direkt-Broker Comdirect vor einiger Zeit an die Börse ging. Er ist selbst Kunde und glaubt an die Zukunft von Direkt-Brokerage, also des Kaufs und Verkaufs von Wertpapieren über das Internet. Der Anleger zeichnete ei-

ne größere Zahl von Comdirect-Aktien und war sicher, dass er als Kunde zumindest mit einer kleineren Stückzahl bedacht werden würde. Umso enttäuschter war er, als er erfuhr, dass sein Zeichnungsauftrag „nicht berücksichtigt" wurde. Der Anleger beschloss, gleich am Montag an der Börse die Aktie zu dem dann aktuellen Kurs zu ordern. Der Hintergedanke: Sicher würden viele, die mehr Glück bei der Zuteilung hatten, ihre Aktien gleich am ersten Handelstag auf den Markt werfen, um Zeichnungsgewinne einzustreichen. Dies müsste den Aktienkurs doch unter Druck setzen und günstige Einstiegspreise ermöglichen. Die Rechnung ging nicht auf: Weil viele so dachten wie unser Anleger, schoss der Kurs in den ersten Handelsstunden um fast 20 Prozent nach oben. Erst nachdem der Kurs durch diese Nachkäufe gepusht worden war, verkauften einige die Aktie. Unser Anleger fuhr ein dickes Minus ein.

UNSER PRAXISTIPP

Wenn Sie bei einer Neuemission nicht berücksichtigt wurden, warten Sie mit dem Kauf bis zum Ende der so genannten Lock-up-Periode (in der Regel sechs Monate). Dann nämlich dürfen sich die Alteigentümer von ihren Aktienpaketen trennen, was den Kurs der Aktie meistens vorübergehend nach unten drückt. Manche Papiere notieren dann wieder nahe am Emissionspreis.

UNSER PRAXISTIPP

Was ein Börsengang kostet

Ein Unternehmen, das an die Börse will, muss tief in die Tasche greifen. Die Kosten für das IPO belasten das Betriebsergebnis häufig auf Jahre hinaus. Banken, Anwälte, Berater und nicht zuletzt die Börse verdienen an einem Going public. Ob auch der Anleger verdient, bleibt in einem volatilen Marktumfeld fraglich. Die Zeiten, in denen eine erfolgte Zuteilung gleichbedeutend war mit einem vierstelligen Gewinn über Nacht, gehören einstweilen der Vergangenheit an.

Für einen IPO mit einem Emissionsvolumen von 100 Millionen Euro fallen im Schnitt folgende Nebenkosten an:

- **5 Millionen Euro für die Konsortialbanken**
- **0,5 Millionen Euro für die Anwälte**
- **250 000 Euro für die IPO-Berater**
- **100 000 Euro für die Wirtschaftsprüfer**
- **250 000 Euro für PR und Werbung**
- **10 000 Euro für die Börse**

Bei Mammut-Emissionen wie die der Telekom oder der Deutschen Post liegen diese Beträge deutlich höher.

Quelle: Net-Business 1/2000

Watchlist zum Kauf von Blue Chips

A. Grundsätzliches

- Welche Aktie wollen Sie kaufen?
- Kennen Sie die Branche?
- Wie hat sich die Branche entwickelt (CDax vergleichen)?
- Wie volatil ist die Aktie (Chart abrufen, zum Beispiel unter www.consors.de oder www.comdirect.de)?

B. Kursbestimmung

- Wie ist der aktuelle Kurs der Aktie?
- Wie waren die Höchst- und Tiefststände der letzten 52 Wochen (steht im Kurszettel der großen Tageszeitungen)?
- In welcher Höhe notieren die Papiere der in- und ausländischen Konkurrenten?
- Bei welchem Kurs wollen Sie kaufen?

C. Bewertungskriterien

- Wie hoch ist das KGV der Aktie?
- Wie hoch ist die Eigenkapitalrendite des Unternehmens (Zahlen aus dem Geschäftsbericht oder von der Investor-Relations-Abteilung des Unternehmens)?
- Wie soll sich der Gewinn pro Aktie entwickeln (Unternehmensprognose)?
- Zahlt das Unternehmen eine Dividende? Wenn ja, wie hoch ist die Dividendenrendite?

D. Experteneinschätzungen

- Was sagen Analysten, was schreiben Finanzjournalisten?
- Zu welchem Urteil kommt die Charttechnik?
- Wie beurteilt der betreffende Unternehmensverband die Zukunftsaussichten der Branche?
- Wurden alle relevanten Daten aus dem Internet zusammengetragen?

E. Das Resultat

- Aktie ist interessant, aber zu teuer: abwarten, Papier bleibt auf der Watchlist.
- Aktie ist billig, aber perspektivlos: Papier von der Watchlist streichen.
- Aktie ist billig und erscheint unterbewertet: kaufen.
- Kein klares Bild möglich: abwarten, Papier bleibt auf der Watchlist.

Register

Aktienfonds 64
Aktienindizes 29
Aktien-Kurzanalyse 87
Aktienqualität 85
Altersvorsorge 41
Antizykliker 80
Arbitrage-Geschäft 86
ASE 45
AS-Fonds 67
ATX 45
Ausgabeaufschlag 64

Bekanntheitsgrad eines Unternehmens 17
Beta-Faktor 21
Blue-Chip-Fonds 68
Blue-Chip-Index 28
Blue-Chip-Indizes 45
Blut Chips 9
Börsengang
– Kosten 116
Börsenindizes 29, 45
Börsenkapitalisierung 26, 28
Börsenklima 87
Branchenindizes 36
Buffett, Warren 101, 102
Burn-rate 24
Business-Perspective-Investing-Prinzip 102

Call 75
Call-Option 74, 75
Cash Settlement 75
Cashflow 91
CDax 35, 36
Chart 92
Chartanalyse 92
Coca-Cola 11
Computerhandel 48

Dachfonds 67
Davis, Shelby 101, 106
DAX 45, 46
Daytrading 43
Derivate 74
Discount-Zertifikat 72
Dividende 37, 39
Dividendenrendite 40
Dow Jones Euro Stoxx 49
Dow Jones Global Titans 54
Dow Jones Industrial Average 52
Dow Jones Stoxx 49
Dow Jones Transportation Average 53
Dow Jones Utility Average 53
Dow-Jones-Index 52
Dreieck-Formation 98

Einstiegskurs 79
Euro Stoxx 49

Flaggenbildung 100
Fonds 64
– Kosten 65
Formationsanalyse 95
Futures 74, 75

Gleitender Durchschnitt 93
Going public 116

Hang-Seng-Index 62
Hebel 77
Hedging 74
HEX 45
Höchststand 82

IBIS 48
Indexaktie 73
Indexzertifikat 69
– Kosten 70
Indizes,
– amerikanische 52
– asiatische 60
Investmentfonds 63, 64
IPOs 111, 113

KCV 91
Keil-Formation 99
KGV 88, 90
Kopf-Schulter-Formation 97
Kurs-Cashflow-Verhältnis 91
Kurs-Gewinn-Verhältnis 88, 90

Long Call 75
Long Put 76

Marken, eingeführte 24
Marketperformer 46
MDAX 28, 47, 49
M-Formation 96
Microsoft 13
Mischfonds 67
Moving Averages 93

Nasdaq-Composite-Index 58
Nemax 50 56
Nemax-All-Shares 56
Neuemission 111, 113
New Economy 29
Nikkei-Index 61

Old Economy 29
Option 74
Optionsschein 74
OTC-Handel 58
Outperformer 45

Parketthandel 48
Plain-Vanilla-Produkt 72
Put-Option 74, 75
Puts 74

Rentenfonds 66
Risikostreuung 63

S & P-Index 55
Short Call 76
Short Put 76
Smax 28
SMI 45
Spin-offs 112
Staatsbetriebe, ehemalige 112
Standard & Poor's-Index 55
Straits Time Industrials 62
Strategie, internationale 22
Strukturierte Produkte 72

Tiefststand 82
Titan-Wert 54
Topix 61
Trendfollower 80
Trendkanal 82
Trendlinienmethode 92

Umgekehrte Kopf-Schulter-Formation 98
Umgekehrte V-Formation 96
Umsatzvolumen 40
Underperformer 46
Unternehmenspleiten 31
Unternehmensstory 19

Value-Investor 106
Verkaufsoption 74
V-Formation 95
Volatilität 21, 33

Wachstumsmärkte
– Indizes 56
Watchlist 118
W-Formation 97
Wimpel-Formation 99

XETRA-DAX 48
XETRA-Handelssystem 48